U0650926

中等职业教育
财经类改革创新示范教材

会计分岗模拟实训

◎ 王雪峰 主编　　◎ 刘哲爱 副主编

人民邮电出版社

北京

图书在版编目（CIP）数据

会计分岗模拟实训 / 王雪峰主编. -- 北京 : 人民
邮电出版社，2015.2（2020.8重印）
中等职业教育财经类改革创新示范教材
ISBN 978-7-115-38086-9

Ⅰ．①会… Ⅱ．①王… Ⅲ．①会计学－中等专业学校
－教材 Ⅳ．①F230

中国版本图书馆CIP数据核字(2014)第307117号

内 容 提 要

"会计分岗模拟实训"这门课程是会计电算化专业的核心课，是训练会计专业学生职业岗位操作能力的综合实践课。

本书在分析会计职业岗位的基础上，遵循会计工作过程，通过与企业、行业的深度合作，将会计学科的内容有机地融入工作过程，形成了操作性强、整体性和个性化鲜明的编写特色。书中的教学内容涵盖了企业日常的经济活动管理和经济业务核算，分项目讲授具体工作任务。本书编排共设三个岗位，分别阐述了出纳、会计、主管工作的基本知识和实务操作技能。

本书既可作为中职财经类专业学生的实训用书，也可以作为有关人员学习和掌握会计工作基础知识的参考用书。

- ◆ 主　　编　王雪峰
 　　副 主 编　刘哲爱
 　　责任编辑　刘　琦
 　　执行编辑　朱海昀
 　　责任印制　杨林杰
- ◆ 人民邮电出版社出版发行　　北京市丰台区成寿寺路 11 号
 　　邮编　100164　电子邮件　315@ptpress.com.cn
 　　网址　http://www.ptpress.com.cn
 　　北京九州迅驰传媒文化有限公司印刷
- ◆ 开本：787×1092　1/16
 　　印张：11　　　　　　　　　2015 年 2 月第 1 版
 　　字数：204 千字　　　　　　2020 年 8 月北京第 4 次印刷

定价：29.80 元
读者服务热线：**(010)81055256**　印装质量热线：**(010)81055316**
反盗版热线：**(010)81055315**
广告经营许可证：京东市监广登字 20170147 号

前　言
PREFACE

随着市场经济的发展和会计制度改革的深入，社会对会计人员的需求越来越大。为了让会计专业的学生毕业后能快速地进入企业的会计角色，满足中等职业学校人才培养和素质教育的要求，我们结合《企业会计准则》《企业会计制度》和相关财务制度的规定，编写了这本中等职业教育财经类改革创新示范教材《会计分岗模拟实训》。

"会计分岗模拟实训"这门课程是在学生全面学习完会计专业课程的基础上开设的。它不仅有机地、立体地结合了前导课程——基础会计和财务会计等，也对后续学生的顶岗实习、就业培训起着基石和纽带的作用。为增强学生的感性认识，高效完成教学目标，我们根据学生的认知规律和特点，综合采用任务驱动教学法、岗位模拟教学法、仿真教学法，建立了"以学生为主体，以教师为主导，以实践为主线"的教学模式。本书针对三个岗位，分别阐述了出纳、会计、主管工作的基本知识和实务操作技能，其特点主要体现在以下几个方面。

1. 本书基于会计职业岗位的具体工作过程设计和编写，通过与企业、行业的深度合作，将会计学科的内容有机地融入工作过程。本书设计的内容旨在使学生熟悉会计岗位的基础规范和工作程序，使学生能遵循会计分岗的业务流程进行原始凭证的描述、传递、审核与分析，并能掌握各岗位会计处理的基本知识和技能，能正确出具会计凭证、账簿、报表、分析报告。与此同时，实训内容可以培养学生从事会计工作所必须具备的团队合作能力、业务分析能力、职业判断能力和文字表达能力，突出培养学生的岗位能力与创新能力。

2. 本书的实训内容仿真性强，充分满足教师的教学需要和学生的学习需要。通过模拟企业会计工作项目的操作，建立会计工作岗位责任制，让学生接触企业日常经济管理、经济核算的全过程，并定期实现岗位的轮换。为满足学生在会计岗位进行分工实训的要求，本书以青岛皓翔科技有限公司的经济业务为素材，设计3个岗位、100多笔经济业务，供学生进行实训模拟。每个岗位都有业务流程供学生参考，方便学生按会计岗位进行凭证的填制、审核、传递以及账簿的分工登记，最终出具会计报表，完成财务分析报告。

本书计划课时为64课时，建议各项目的课时数分配如下。

课程	章		教学内容	学　时			学分
				总学时	理论	实践	
会计分岗模拟实训	第一篇：单项实训	岗位一	出纳	18	6	12	3
		岗位二	会计	12	4	8	
		岗位三	主管	18	6	12	
	第二篇：综合实训		综合模拟实训	16		16	
			合　计	64	16	48	

本书由青岛市城阳区职业教育中心的王雪峰老师负责拟订编写大纲，并担任主编，由刘哲爱老师担任副主编。其他参与编写的人员也都是有着丰富教学经验的教师，他们是：姜春莉、单建红、林琨、于青。另外青岛外贸职业学院的杨淑慧教授、青岛特种汽车有限公司的

会计主管纪玉英也为本书编写提供了很多指导。与此同时，本书在编写过程中，得到了城阳区职业教育中心教研室的大力支持和帮助，编者在此表示衷心的感谢。

由于编者水平有限，会计核算及管理工作也在不断发展和完善，书中难免存在不足之处，恳请广大读者批评指正，多提宝贵意见和建议，以便修订再版时完善。

编　者

2014年10月

目　录
CONTENTS

第一篇 单项实训

企业背景资料

（1）企业名称：青岛皓翔科技有限公司。企业设立时间：2012年1月1日。

（2）企业法人：王承刚。

（3）经营范围：主营甲、乙两种产品的生产销售，兼营对外提供修理或修配劳务。

（4）营业地址：山东省青岛市市南区中山路168号，电话：0532-87868666。

（5）税务登记号：201256784567890。

（6）基本存款账户开户银行：中国工商银行市南支行，

开户行账号：330987654321，行号：8866，

开户行地址：山东省青岛市中山路20号。

（7）一般存款账户开户银行：中国建设银行市南支行，

开户行账号：220987654321，行号：6789，

开户行地址：山东省青岛市中山路68号。

（8）内部会计制度相关规定：企业执行现行《小企业会计准则》，记账本位币为人民币。原材料按实际成本计价，发出材料单位成本采用月末一次加权平均法计算。产品成本计算采用品种法，原材料均于生产开始时一次投入，其他费用随生产进度陆续发生。在生产过程中，多种产品共同消耗的原材料按当月产品投产量进行分配，生产工人的工资按产品生产工时进行分配，制造费用采用"产成品产量比例法"进行分配，生产成本在完工产品与在产品之间的分配采用定额成本计价法。计算结果均保留两位小数。

（9）固定资产折旧采用平均年限法。

（10）会计机构人员分工：出纳——李欣，身份证号：370212198107093556；会计——王丽；会计主管——高明。

情境岗位一 出 纳

任务一 原始凭证的填制

情境导入

同学们,你们知道单据1-1-1至单据1-1-3所示的票据有何用处? 它们是如何填制的?

单据 1-1-1

中国工商银行 现金支票存根	中国工商银行 现金支票	VI007366345

本支票付款期限十天

中国工商银行 现金支票存根
VI007366345
附加信息 _____
_____
出票期 2012 年 10 月 6 日

收款人	本单位
金 额	¥5 000.00
用 途	备用金

单位主管 高明 会计 王丽

出票日期 (大写) 贰零壹贰年零零壹拾月零陆日 付款行名称: 工商银行市南支行
收款人: 青岛皓翔科技有限公司 出票人账号: 330987654321

人民币 (大写)	伍仟元整	十	万	千	百	十	元	角	分
			¥	5	0	0	0	0	0

用途 备用金

上列款项请从我账户内支付
出票人签章

皓翔科技有限公司
财务专用章

刚王
印承
复核 记账

单据 1-1-2

收 据 No. 0007650

2012 年 12 月 10 日

交款单位 管理部李明	收款方式 现金

人民币(大写) 叁佰元整 **现金收讫** ¥300.00
收款事由 差旅费退回余款

收款单位
公 章

皓翔科技有限公司
财务专用章

收款人	李欣	交款人	李明

第二联 收据

财会主管: 记账: 审核: 出纳: 李欣 经办: 李明

单据1-1-3　　　　　　　　　**中国工商银行进账单（回　单）** 1

2012 年 12 月 20 日

出票人	全　称	青岛兴达有限公司	收款人	全　称	青岛皓翔科技有限公司
	账　号	12388845678		账　号	330987654321
	开户银行	工商银行崂山分行		开户银行	工商银行市南支行

人民币（大写）	叁万元整		千	百	十	万	千	百	十	元	角	分
		¥			3	0	0	0	0	0	0

票据种类　转账支票

票据张数　1 张

中国工商银行
崂山分行
转讫

单位主管　会计　复核　记账

开户银行签章

此联是开户银行交给持票人的回单

任务准备

请同学们思考和讨论如下问题。

（1）原始凭证的概念是什么？种类有哪些？

（2）原始凭证的填制及审核要求有哪些？

（3）什么是支票？其种类和结算范围是什么？

（4）普通发票和增值税专用发票的基本联次是什么？

（5）什么是银行汇票?其结算范围是什么？

（6）什么是商业汇票?其种类和结算范围是什么？

任务清单

原始凭证的填制。

任务实施

1. 训练目的

通过本训练，学生能够熟练准确地填写或审核各种与现金、银行存款业务相关的票据，学会处理现金、银行存款的收支业务。

2. 训练内容

（1）开出现金支票，从银行提取现金。

（2）报销差旅费，退回多余借款。

（3）收取零星销售货款，并送存银行。

（4）核发职工工资。

（5）职工报销办公用品费。

（6）办理银行汇票付款业务、收款业务。

（7）商业承兑汇票付款业务、收款业务。

3. 训练资料

（1）2013 年 1 月 6 日，出纳员李欣开出现金支票，从银行提取现金 6 000 元备用。要求：填制"支票领用申请单"；批准后，填制"现金支票"的正面和背面；登记"支票登记簿"；提现后，将现金存入保险柜，填写"支票登记簿"的报销日期，如单据 1-1-4 ～单据 1-1-7 所示。

单据 1-1-4

支票领用申请单

年　　月　　日　　　　　　　编号

部门	
支票类别与号码	
支票张数	
收款单位	
支票用途	
支票金额	人民币（大写）　　　　　　　¥
备注	

领导批示　　　　财务主管　　　　审核　　　　出纳　　　　领用人

单据 1-1-5

中国工商银行 现金支票存根 Ⅵ007366345 附加信息　　　　　　 　　　　　　　　　 　　　　　　　　　 出票期　年 月 日 收款人： 金　额： 用　途： 单位主管　　会计	本文票付款期限十天	中国工商银行　现金支票　　Ⅵ007366345 出票日期（大写）　年　月　日　　付款行名称： 收款人：　　　　　　　　　　　出票人账号：

人民币
（大写）　｜十｜万｜千｜百｜十｜元｜角｜分｜

用途_____

上列款项请从
我账户内支付
出票人签章　　　　　　　　复核　　记账

单据 1-1-6

附加信息：			粘 贴 单 处
		收款人签章 年　　月　　日	
	身份证名称：　　发证机关：		
	号码		

单据 1-1-7

支票登记簿

签发日期			支票号码	收款单位	预计金额	领用人	支票实际金额	报销日期	
年	月	日						月	日

（2）2013 年 1 月 6 日，销售部王杰报销差旅费 2 360 元，原借款 2 500 元，将剩余款 140 元退回到财务部门。要求：复核原始单据（略）及差旅费报销单，收取剩余款项，并开出收款收据，如单据 1-1-8 至单据 1-1-9 所示。

单据 1-1-8

差旅费报销单

部门：销售部　　　　　　　　　　　　*2013 年 1 月 6 日*

姓名	王杰	出差地点	北京	出差事由	销售
出差日期	起：1 月 3 日　止：1 月 6 日			出差人职务	业务员
乘火车费	自青岛站至北京站		金额	360.00	
乘汽车费	自　　站至　　站		金额		
乘　费	自　　站至　　站		金额		
行李运费	千克	每千克　元	金额		
出差补助	10 天	定额 120 元	金额	1 200.00	预借金额：2 500 元
旅馆费	10 天	单价 80 元	金额	800.00	退补金额：140 元
其他			金额		
合计金额	小写	¥2 360.00			
	大写	贰仟叁佰陆拾元整			

会计主管：高明　　　部门负责人：李竣　　　审核：　　　　　　经办人：王杰

单据 1-1-9

收　据　　　No.　0008759
年　月　日

交款单位＿＿＿＿＿＿＿＿＿＿＿＿＿＿＿　收款方式＿＿＿＿＿＿＿

人民币（大写）＿＿＿＿＿＿＿＿＿＿＿＿＿　　　¥＿＿＿＿＿＿＿

收款事由＿＿＿＿＿＿＿＿＿＿＿＿＿＿＿＿＿＿＿＿＿＿＿＿

收款单位
公　章

| 收款人 | |
| 交款人 | |

第一联　存根联

财会主管：　　　记账：　　　审核：　　　出纳：　　　经办：

（3）2013 年 1 月 8 日，青岛扬帆公司采购员购买甲产品 10 件，每件 300 元，增值税 510 元，共计 3 510 元。财务开出增值税专用发票，并收取货款。经出纳员清点，收取现金：100 元 34 张、50 元 2 张、10 元 1 张。要求：收取现金 3 510 元，在发票上加盖"现金收讫章"，填写"现金缴款单"，如单据 1-1-10 至单据 1-1-12 所示。

单据 1-1-10

山东省增值税专用发票　　No.　　073358760

2000348321　　　　　　　　　　记　账　联　　　　开票日期：*2013 年 1 月 8 日*

购货单位	名　　　　称：*青岛扬帆公司*		密码区	略	
	纳税人识别号：*321200456728031*				
	地址、　电话：*市北区解放路 88 号　83708867*				
	开户行及账户：*工商银行城阳分行　2034511480*				

货物或应税劳务名称	规格型号	单位	数量	单价	金额	税率	税额
甲产品		*件*	*10*	*300.00*	*3 000.00*	*17%*	*510.00*
合计					¥*3 000.00*		¥*510.00*

价税合计（大写）	*人民币叁仟伍佰壹拾元整*	（小写）¥*3 510.00*

销货单位	名　　　　称：*青岛皓翔科技有限公司*		备注	皓翔科技有限公司财务专用章
	纳税人识别号：*201256784567890*			
	地址、　电话：*市南区中山路 168 号　0532-87868666*			
	开户行及账户：*工商银行市南支行　330987654321*			

收款人：　　　　复核人：　　　　开票人：*王丽*　　　　销货单位：（章）

第四联：记账联　销货方记账凭证

单据 1-1-11

产品出库单

购货单位：*青岛扬帆公司*　　　　*2013 年 1 月 8 日*　　　　销字第 *001* 号

商品名称及规格	单位	数量
甲产品	*件*	*10*
合计		*10*

主管人：　　　　会计：　　　　记账：　　　　制单：*张明*

单据 1-1-12

(3013)
(二联)

中国工商银行　青岛分行　现金送款簿

对方科目：　　　　　　　　交款日期：　　年　　月　　日　　　　序号：

收款单位名称		开户银行科目账号	
款 项 来 源			

人民币（大写）		金　额									
		百	十	万	千	百	十	元	角	分	

日期：　　　　　　　日志号：　　　　　　　交易码：　　　　　　　币种：
金额：　　　　　　　终端号：　　　　　　　主管：　　　　　　　柜员：

券别	张（枚）数	金额	券别	张（枚）数	金额	券别	张（枚）数	金额
壹佰元			贰元			伍分		
伍拾元			壹圆			贰分		
贰拾元			伍角			壹分		
拾元			贰角					
伍元			壹角			合计		

业务监督员　　　　　　　　收款员

第一联　银行贷方凭证

（4）2013 年 1 月 8 日，根据公司工资结算表，以现金发放职工工资 258 000 元。要求：复核工资结算表，并签发现金支票，如单据 1-1-13 和单据 1-1-14 所示。

单据 1-1-13

工资结算表

2013 年 1 月 8 日

姓名	应付工资	扣款项目	实发工资	签章	备注
张良	5 200	200	5 000		
李丽	5 300	200	5 100		
王春风	5 400	300	5 100		
赵红	5 500	300	5 200		
…	…	…	…		
合计	270 000	12 000	258 000		

财务负责人：高明　　　　　　　　制表人：王丽

单据 1-1-14

中国工商银行 现金支票存根	中国工商银行 现金支票	VI007366345

中国工商银行 现金支票存根
VI007366345
附加信息 _____
_____
出票期 年 月 日
收款人：
金　额：
用　途：
单位主管　　会计

中国工商银行　现金支票　　VI007366345

本支票付款期限十天

出票日期（大写）　年　月　日　　　付款行名称：
收款人：　　　　　　　　　　　　　出票人账号：

人民币 （大写）		十	万	千	百	十	元	角	分

用途 _____

上列款项请从
我账户内支付

出票人签章　　　　　　　　复核　　　记账

（5）1月10日，管理部张鑫报销办公用品费2 300元。要求：审核发票及支出凭单，根据实际使用金额开出现金支票，予以报销，如单据1-1-15至单据1-1-17所示。

单据 1-1-15

青岛商业零售发票

发票联　　　　　　　　　　　　　　　　No.066661

购货单位（人）：青岛皓翔科技有限公司　　　2013 年 1 月 10 日

货号	品名及规格	单位	数量	单价	金额						
					万	千	百	十	元	角	分
	A4 纸	包	100	20.00		2	0	0	0	0	0
	订书机	个	30	10.00		3	0	0	0	0	0
	合计（大写）人民币贰仟叁佰元整				¥	2	3	0	0	0	0
结算方式	现金结算	开户银行及账号									

销货单位（盖章有效）　　　　　　　　　　　　　　　　开票人：李梦

单据 1-1-16

支 出 凭 单

2013 年 1 月 10 日

事由或品名	数量	单位	单价	金额							
				十	万	千	百	十	元	角	分
A4 纸	包	100	20.00			2	0	0	0	0	0
订书机	个	30	10.00	银行付讫			3	0	0	0	0
共计金额	（大写）人民币贰仟叁佰元整						¥2 300.00				
领款人	张鑫			主管审批	王承刚						

财务主管 高明　　会计　　记账　　　　出纳 李欣　　　　　　制单 陈青

单据 1-1-17

<table>
<tr><td colspan="2">中国工商银行
现金支票存根
VI007366345
附加信息＿＿＿＿＿＿
＿＿＿＿＿＿＿＿＿＿
＿＿＿＿＿＿＿＿＿＿
出票期　年　月　日</td><td rowspan="2">本支票金额付款期限十天</td><td colspan="3">中国工商银行　现金支票　　VI007366345
出票日期（大写）　　年　月　日　　付款行名称：
收款人：　　　　　　　　　　　　出票人账号：</td></tr>
<tr><td>收款人：
金　额：
用　途：
单位主管　　会计</td></tr>
</table>

（6）办理银行汇票付款业务、收款业务。

① 2013 年 1 月 12 日，采用银行汇票结算方式向方信公司（账号：30985678933223，开户银行：农业银行四方支行）采购 A 材料一批，出纳需要到开户银行办理金额为 80 000 元的银行汇票。要求：填制银行汇票申请书，如单据 1-1-18 所示。

单据 1-1-18

中国工商银行　　　　　银行汇（本）票申请书　　　No. 66187654

币别：　　　　　　　　　　年　月　日　　　　　　　流水号：

业务类型	□银行汇票	□银行本票	付款方式	□转账	□现金
申请人			收款人		
账号			账号		
用途			代理付款行		

金额（大写）　　　　　　　　　　　千 百 十 万 千 百 十 元 角 分

客户签章

会计主管　　　　　　授权　　　　　　复核　　　　　　录入

② 2013 年 1 月 14 日，向招远公司销售乙产品 80 件，单价为每件 500 元，价款 40 000 元，增值税 6 800 元，收到招远公司交来的 50 000 元银行汇票一张，会计开具增值税专用发票。要求：在银行汇票上填写实际结算金额和多余金额，之后填写进账单，如单据 1-1-19 至单据 1-1-22 所示。

山东省增值税专用发票   No.   073358760

2000348321

记 账 联   开票日期：*2013* 年 *1* 月 *14* 日

购货单位	名　　称：*青岛招运公司* 纳税人识别号：*551200456728031* 地址、电话：*城阳区正阳路88号*　*83668877* 开户行及账户：*工商银行城阳分行*　*8534511423*	密码区	略

货物或应税劳务名称	规格型号	单位	数量	单价	金额	税率	税额
乙产品		*件*	*80*	*500.00*	*40 000.00*	*17%*	*6 800.00*
合计					¥*40 000.00*		¥*6 800.00*

价税合计（大写）	*人民币肆万陆仟捌佰元整*	（小写）¥*46 800.00*

销货单位	名　　称：*青岛皓翔科技有限公司* 纳税人识别号：*201256784567890* 地址、电话：*市南区中山路168号*　*0532-87868666* 开户行及账户：*工商银行市南支行*　*330987654321*	备注

收款人：　　　　　复核人：　　　　　开票人：*王丽*　　　　　销货单位：（章）

单据1-1-20

付款期限 壹个月

中国工商银行   XI03243234

银 行 汇 票 2   第　号

出票日期 （大写）	*贰零壹叁年零壹月壹拾肆日*	代理付款行：*工商银行城阳分行* 行号：*54078765*

收款人：*青岛皓翔科技有限公司*		账号：*330987654321*

出票金额	人民币 （大写）	*伍万元整*										
实际结算金额	人民币 （大写）		千	百	十	万	千	百	十	元	角	分

申请人：*青岛招运公司*	账号或住址：*8534511423*	
出票行：*工商银行城阳红埠银行* 城阳分行 业务章 备　注：*贷款*	多余金额 千 百 十 万 千 百 十 元 角 分	科目（借）_____ 对方科目（贷）_____ 兑付日期：　年　月　日
凭票付款 出票行签章		复核　　　　记账

单据 1-1-21

<table>
<tr><td>付款期限
壹 个 月</td><td colspan="2" style="text-align:center">中国工商银行
银 行 汇 票（解讫通知）3</td><td>XI03243234
第 号</td></tr>
</table>

出票日期 （大写）	贰零壹叁年零壹月壹拾肆日	代理付款行：工商银行城阳分行 行号：54078765

收款人：青岛皓翔科技有限公司		账号：330987654321

出票金额	人民币 （大写）	伍万元整										
实际结算金额	人民币 （大写）		千	百	十	万	千	百	十	元	角	分

申请人：青岛捷运公司　　　　　账号或住址：8534511423

出票行：工商银行城阳分行

备　注：货款

凭票付款
出票行签章　　中国工商银行
城阳分行
业务章

多余金额

科目（贷）_____
对方科目（借）_____
转账日期：　年　月　日

复核　　　记账

千	百	十	万	千	百	十	元	角	分

单据 1-1-22　　**中国工商银行进账单（回　单）**　　1

年　月　日

出票人	全　称		收款人	全　称		此联是开户银行交给持票人的回单
	账　号			账　号		
	开户银行			开户银行		

人民币 （大写）		千	百	十	万	千	百	十	元	角	分

票据种类		
票据张数		

单位主管　　会计　　复核　　记账　　　　　　　开户银行签章

（7）商业承兑汇票付款业务、收款业务。

① 2013 年 1 月 15 日，与青岛红日有限公司签订购销合同（合同号：34567#），采购 B 材料 2 000 件，每件 30 元，收到对方开具的增值税专用发票（发票联和抵扣联）。要求向青岛红日有限公司开出一张付款期限为三个月的商业承兑汇票，并登记应收票据备查簿，如单据 1-1-23 至单据 1-1-25 所示。

山东省增值税专用发票　　No.　073358760

2000348321　　　　　　　　发　票　联　　开票期期：*2013* 年 *1* 月 *15* 日

购货单位	名　　　　称：**青岛皓翔科技有限公司**				密码区			略
	纳税人识别号：*201256784567890*							
	地址、　电话：**市南区中山路168号　0532-87868666**							
	开户行及账户：**工商银行市南支行　　330987654321**							

货物或应税劳务名称	规格型号	单位	数量	单价	金额	税率	税额
B 材料		**件**	*2 000*	*30.00*	*60 000.00*	*17%*	*10 200.00*
合计					¥60 000.00		¥10 200.00

价税合计（大写）	**人民币柒万零贰佰元整**　　　　（小写）¥70 200.00

销货单位	名　　　　称：**青岛红日有限公司**		备注	
	纳税人识别号：*856676784567890*			
	地址、　电话：**市北区黑龙江路58号　0532-88976543**			
	开户行及账户：**工商银行市北支行　　630087654321**			

收款人：　　　　　复核人：　　　　　开票人：**李芳**　　　　销货单位：（章）

青岛红日有限公司 财务专用章

商业承兑汇票（卡片）　　1

出票日期　年　月　日　　　　　汇票号码
（大写）

付款人	全　　称		收款人	全　　称	
	账　　号			账　　号	
	开户银行			开户银行	

出票金额	人民币：（大写）		亿	千	百	十	万	千	百	十	元	角	分

汇票到期日（大写）		付款人开户行	行号	
交易合同号码			地址	

	备注：

出票人签章

此联承兑人留存

单据 1-1-25

应付票据备查簿

购货单位或付款人	合同号码	摘要	商业汇票记录							付款记录					
			票据种类	汇票号码	签发日期	第一次		第二次		第三次		第一次		第二次		第三次	
						收款承兑日期	金额	收款承兑日期	金额	收款承兑日期	金额	日期	金额	日期	金额	日期	金额

② 2013 年 1 月 15 日，向青岛兴达有限公司销售乙产品 40 件，每件 500 元，价税合计 23 400 元，会计开出增值税专用发票，收到为期 5 个月的商业承兑汇票。要求：登记应付票据备查簿，如单据 1-1-26 至单据 1-1-28 所示。

单据 1-1-26

山东省增值税专用发票   No.　073358760

2000348321 　　　　　　　　　　　记 账 联　　　开票日期：2013 年 1 月 15 日

购货单位	名　　称： **青岛兴达公司** 纳税人识别号：*341200456788031* 地址、　电话：*崂山区海尔路 55 号*　*85798877* 开户行及账户：*工商银行崂山分行*　*7894511423*	密码区	略

货物或应税劳务名称	规格型号	单位	数量	单价	金额	税率	税额
乙产品		*件*	40	500.00	20 000.00	17%	3 400.00
合计					¥20000.00		¥3 400.00

价税合计（大写）	**人民币贰万叁仟肆佰元整**	（小写）¥23 400.00

销货单位	名　　称：**青岛皓翔科技有限公司** 纳税人识别号：*201256784567890* 地址、　电话：*市南区中山路 168 号*　*0532-87868666* 开户行及账户：*工商银行市南支行*　*330987654321*	备注	

收款人：　　　　　　复核人：　　　　　　开票人：**王丽**　　　　　　销货单位：（章）

第四联：记账联　销货方记账凭证

单据 1-1-27

商业承兑汇票

出票日期（大写）　**贰零壹叁年零壹月壹拾伍日**　　　汇票号码 67 号

收款人	全　称	青岛皓翔科技有限公司	付款人	全　称	青岛兴达有限公司
	账　号	330987654321		账　号	12388845678
	开户银行	工商银行市南支行		开户银行	工商银行崂山分行

出票金额	人民币： （大写）贰万叁仟肆佰元整	百	十	万	千	百	十	元	角	分
			¥	2	3	4	0	0	0	0

汇票到期日	贰零壹叁年零陆月壹拾伍日	付款人开户行	行号	9922
合同交易号码	56789—6		地址	崂山区海尔路 98 号

	备注
青岛兴达有限公司 ★ 财务专用章　启李印志 出票人签章	

单据 1-1-28

应收票据备查簿

购货单位或付款人	合同号码	商业汇票记录					产品发出记录略	收款、贴现、转记记录					
		票据种类	签发日期	汇票号码	承兑日期	汇款金额		已收款		已贴现		已转让	
								日期	金额	日期	金额	日期	被背书单位	金额

📖 **知识链接**

1. 支票

支票是由出票人签发，委托办理支票存款业务的银行或者其他金融机构在见票时无条件支付确定的金额给收款人或持票人的票据。开立支票存款账户和领用支票，必须有可靠的资信，并存入一定的资金。支票一经签发，应由出票人无条件付款。

（1）支票记载事项。

支票记载事项包括：绝对记载事项、相对记载事项、非法定记载事项。

绝对记载事项包括：①表明"支票"字样；②无条件支付委托；③确定的金额；④付款人名称；⑤出票日期；⑥出票人签章。绝对记载事项是票据法规定必填的记载事项，如果欠缺某一项绝对记载事项则该票据无效。其中两项绝对记载事项可以通过出票人以授权补记的方式记载：支票的金额、收款人名称。注意未补记前支票不得使用。

相对记载事项：①付款地（如果支票上未记载付款地的，则付款地为付款人的营业场所）②出票地（支票上未记载出票地的，则出票人的营业场所、住所、经常居住地为出票地）。相对记载事项是指票据法规定应当记载而没有记载，如未记载可以通过法律规定进行推定而不会导致票据无效。

非法定记载事项：①支票的用途；②合同编号；③约定的违约金；④管辖法院等。支票上可以记载非法定事项，但这些事项并不发生支票上的效力。

（2）支票填制要求。

① 签发支票必须使用墨汁或碳素墨水笔填写，支票上各项内容要填写齐全，数字要标准，大小写金额要一致。

② 签发日期应填写实际出票日期，支票正联出票日期必须使用中文大写，支票存根部分出票日期可用阿拉伯数字书写。在支票正联用大写填写出票日期时，为防止变造支票的出票日期，在填写月、日时应注意：月为壹、贰和壹拾，日为壹至玖和壹拾、贰拾和叁拾的，应在其前加"零"；日为拾壹至拾玖的，应在其前加"壹"；收款单位名称应填写全称并与预留银行印鉴中单位名称保持一致。

③ 大写金额应紧接"人民币"书写，不得留有空白，以防加填；大小写金额要对应，要按规定书写。

④ 阿拉伯小写金额数字前面，均应填写人民币符号"¥"。阿拉伯小写金额数字要认真填写，不得连写，以免分辨不清。

⑤ 要如实写明用途，存根联与支票正联填写的用途应一致。

⑥ 在签发人的签章处按预留银行印鉴分别签章（财务专用章、法人名章），签章不能缺漏。

⑦ 对约定使用支付密码作为支付票据金额的，出票人可在小写金额栏下方的空格栏（支付密码填写栏）中记载支付密码。

⑧ 预算单位在办理支票业务时，可以根据财政部门的相关管理规定，在"附加信息"栏上填写预算管理类型、预算账户、支出类型等代码信息。其他客户也可根据系统、行业或内部管理的需要，在"附加信息"栏记载相关信息。"附加信息"并非票证的必要记载事项，欠缺该记载事项并不影响票据的效力。

⑨ 支票签发后，将支票从存根联与正联之间骑缝线剪开，正联交给收款人办理转账或取现，存根联留下作为记账依据。

（3）支票的使用要求。

① 支票适用于同城票据交换地区内的单位和个人之间的一切款项结算。自2007年6月25日起支票实现了全国通用，异城之间也可使用支票进行支付结算。

② 支票一律记名，转账支票可以背书转让。

③ 支票提示付款期为十天（从签发支票的当日起，到期日遇节假日顺延）。

④ 支票签发的日期、大小写金额和收款人名称不得更改，其他内容有误，可以画线更正，并加盖预留银行印鉴之一证明。

⑤ 支票发生遗失，可以向付款银行申请挂失；对于挂失前已经支付的，银行不予受理。

⑥ 出票人签发空头支票、印章与银行预留印鉴不符的支票、使用支付密码但支付密码错误的支票，银行除将支票做退票处理外，还要按票面金额处以 5% 但不低于 1 000 元的罚款。

（4）支票的对付。

出纳持支票正联到其开户行对付，填写身份证名称、发证机关及号码，并在"收款人签章"处加盖企业财务专用章和法人名章（即预留银行印件）。

支票结算程序，如图 1-1-1 所示。

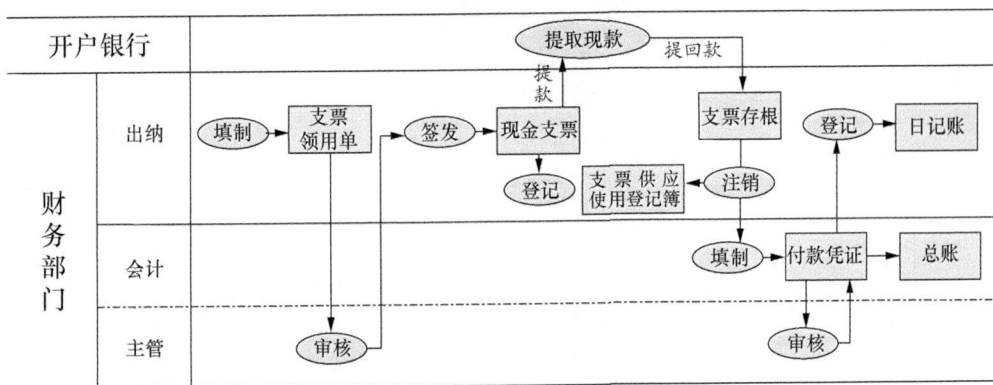

图 1-1-1　支票结算程序

2. 收据

收据一式三联：第一联为存根联；第二联为收据，给交款单位或个人，加盖财务专用章；第三联：记账依据，加盖现金收讫章。收据由出纳填写，有编号。收据各联都需要盖收款人、交款人名章。

当企业需要报销职工差旅费时，出纳员应审核差旅费报销单，并收回剩余预借差旅费或要求职工补足差额差旅费。

报销差旅费的工作流程，如图 1-1-2 所示。

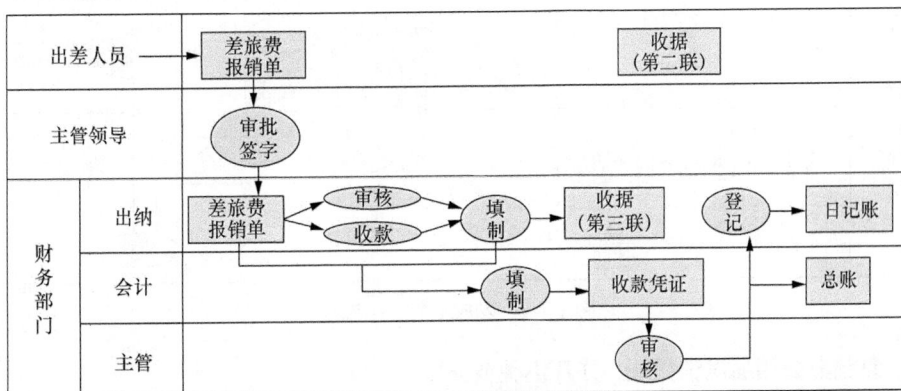

图 1-1-2　差旅费报销流程

3. 现金缴款单

现金缴款单一式两联，第一联为回单联，现金送存银行后，从银行取得加盖收讫章的现金缴款单的回单联交给会计作为入账的依据，从而说明款项已存妥。第二联为收入凭证联，由收款人开户银行留作凭证。

当企业发生现金销售业务时，出纳员应当对业务员所持销售小票进行审核，并据此登记账目。

收取销售收入现金款的工作流程，如图 1-1-3 所示。

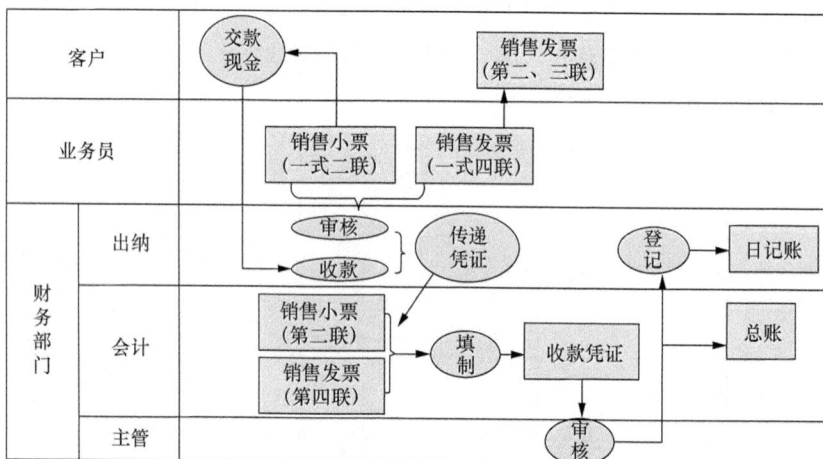

图 1-1-3 收取销售收入现金款流程

4. 出纳发放工资

出纳首先应复核工资结算表，并签发现金支票，支取现金后发放职工工资（要求相关职工签章）。发放工资业务处理流程，如图 1-1-4 所示。

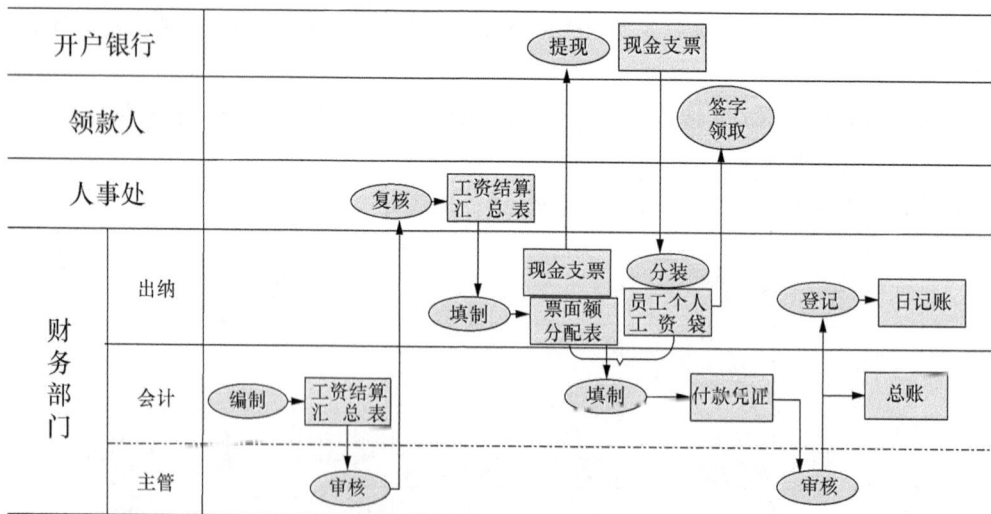

图 1-1-4 发放工资工作流程

5. 复核办公用品报销凭证，并开出现金支票

报销业务处理流程，如图 1-1-5 所示。

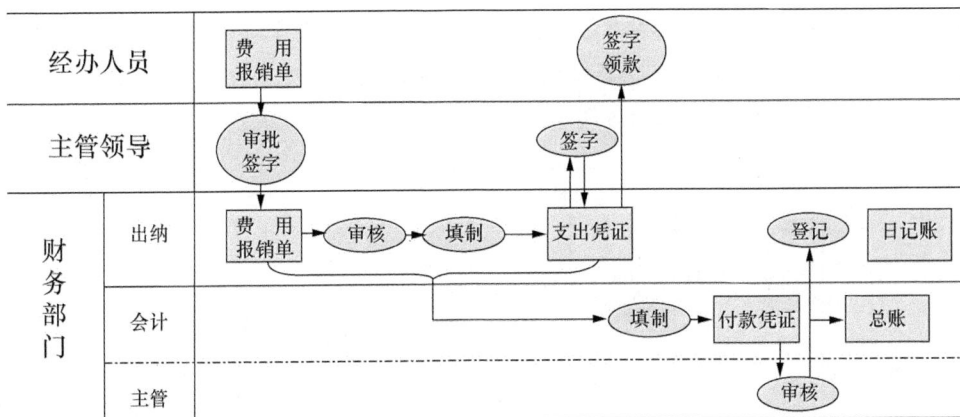

图 1-1-5　报销业务流程

6. 银行汇票

（1）银行汇票申请书。

申请人使用银行汇票，应向出票银行填写一式三联的"银行汇票申请书"，填明收款人名称、汇票金额、申请人名称、申请日期等事项并签章。签章为其预留银行的签章。申请人和收款人均为个人，需要使用银行汇票向代理付款人支取现金的，申请人须在"银行汇票申请书"上填明代理付款人的名称，在"汇票金额"栏先填写"现金"字样，然后填写汇票金额。申请人或者收款人为单位的，不得在"银行汇票申请书"上填明"现金"字样。

（2）银行汇票联次及用途。

银行汇票一式四联。第一联为卡片，出票行结清汇票时作为汇出汇款的借方凭证；第二联为银行汇票，代理付款行在付款后作为联行往来账的借方凭证附件；第三联为"解放通知"，代理付款行在兑付后随报单寄给出票行，出票行将其作为多余款贷方凭证；第四联为多余款收账通知，出票行在结清多余款后将其交给申请人。

（3）银行汇票的签发。

签发银行汇票必须记载下列事项：①"银行汇票"的字样；②无条件支付的承诺；③出票金额；④付款人名称；⑤收款人名称；⑥出票日期；⑦出票人签章。欠缺上列事项之一的，银行汇票则无效。

出票银行受理银行汇票申请书，收妥款项后签发一式四联的银行汇票，并用压数机压印出票金额，将第二联"银行汇票"和第三联"解放通知"，连同"银行汇票申请书"第一联一并交给申请人。须注意的是：银行汇票日期应为大写。

签发转账银行汇票时，不得填写代理付款人名称，但由人民银行代理兑付银行汇票的商业银行，向设有分支机构地区签发转账银行汇票的除外。

签发现金银行汇票时，申请人和收款人必须均为个人。收妥申请人交存的现金后，在银行汇票"出票金额"栏先填写"现金"字样，然后填写出票金额，并填写代理付款人名称。申请人或者收款人为单位的，银行不得为其签发现金银行汇票。

（4）银行汇票款项的结算。

采购货物以银行汇票结算款项时，应将第二联银行汇票和第三联解记通知交付给汇票上记明的收款人。银行汇票的实际结算金额低于出票金额，其多余金额由出票银行退交申请人。出票银行结清款项后，将银行汇票第四联"多余款收账通知"交汇款人（付款人）。

银行汇票付款程序，如图1-1-6所示。

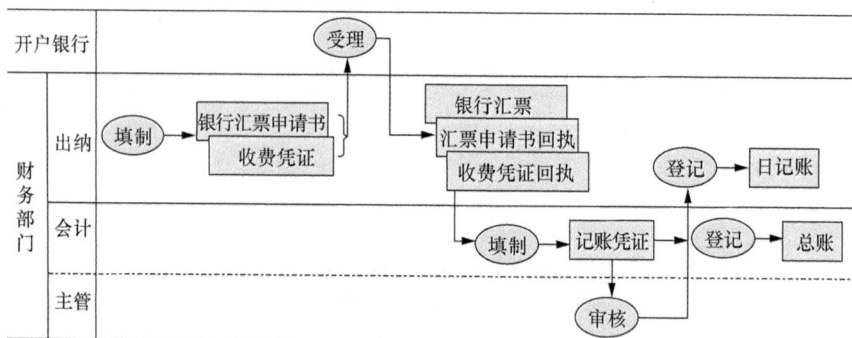

图1-1-6 银行汇票付款流程

7. 商业承兑汇票

（1）商业承兑汇票记载事项。

商业承兑汇票的记载事项包括：①"商业承兑汇票"的字样；②确定的金额（大写）；③付款人名称、账号、开户银行及账号；④收款人名称、账号、开户银行及账号；⑤出票日期（大写）、汇票到期日为交易双方约定的付款日（大写）；⑥出票人在汇票的第一、二联盖单位财务专用章和单位法人名章。欠缺上列记载事项之一的，商业汇票则无效。

（2）商业承兑汇票的联次及格式。

商业承兑汇票一般一式三联。第一联为卡片，由承兑人（付款人）留存；第二联为商业承兑汇票，交由收款人（或持票人），是持票人开户行随托收凭证寄给付款人开户行作为借方凭证附件；第三联为存根联，由出票人存查。

（3）商业承兑汇票登记簿。

为加强商业承兑汇票的管理，对于使用商业承兑汇票结算方式结算款项业务比较多的企业，应建立"应付票据备查簿"和"应收票据备查簿"，对每一笔应付票据和应收票据业务进行详细登记，以便到期及时结清货款和到期及时收回货款。

商业承兑汇票付款程序，如图1-1-7所示。

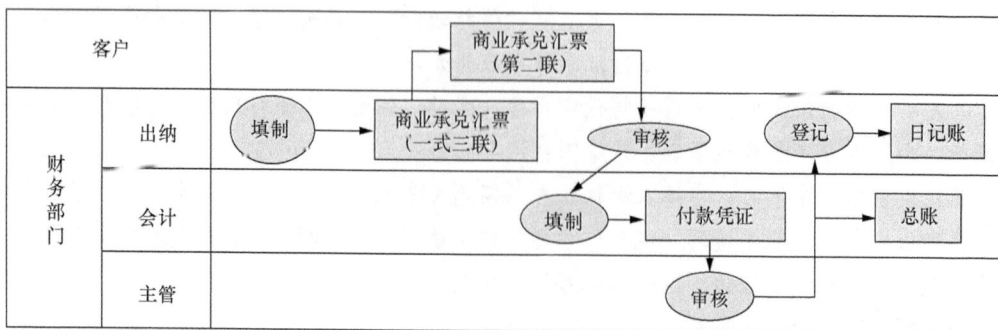

图1-1-7 商业承兑汇票付款程序

任务拓展

对外来原始凭证进行审核。若金额有错误，须要求出具单位重开；若金额以外的项目有错误，须要求出具单位修改并盖章。

任务评价

表1-1-1 　　　　　　　　　　　　　　　任务评价表

评价项目		评价内容	自评	组长评分	教师评分
工作任务完成情况（30%）					
组织能力（10%）					
工作质量及效率（10%）					
工作能力（20%）	处理能力（10%）				
	专业技能（10%）				
沟通协调（10%）					
工作态度与责任感（10%）					
工作勤惰与纪律性（10%）					

任务二　日记账的登记

情境导入

同学们，你们知道单据1-1-29所示的账簿是根据什么业务填制的吗？账簿的具体填制方法又是什么呢？

单据1-1-29

现 金 日 记 账

2012年 月 日	凭证编号	摘　要	对应账户	借　方 千百十万千百十元角分	√	贷　方 千百十万千百十元角分	√	余　额 千百十万千百十元角分
1　1		期初余额						8 0 0 0 0 0
1　4	银付1	提现金备用	银行存款	5 0 0 0 0 0				
1　4	现收2	零星销售商品	主营业务收入	5 8 5 0 0				
1　4	收31/2	张波交回出差剩余款	其他应收款	3 6 0 0 0				
1　4	现付4	送存超库存现金	银行存款			3 7 1 0 0 0		
1　4	银付5	提现备发工资	银行存款	5 2 5 0 0 0				
1　4	银付6	发放职工薪酬	应付职工薪酬			5 2 5 0 0 0 0		
1　4	现付7	马文出差预借差旅费	其他应收款			2 0 0 0 0 0		
1　4	现付8	报销办公费	管理费用			1 9 6 6 8 9		6 2 6 8 1 1

任务准备

请同学们思考：账簿的登记规则是什么？

任务清单

（1）登记现金日记账。

（2）登记银行存款日记账。

任务实施

1. 训练目的

通过本训练，学生能够熟练准确地登记日记账，并做到日清月结。

2. 训练内容

登记现金日记账。

3. 训练资料

请结合期初余额（见图 1-1-8），根据 2013 年 1 月由会计填制的现金付款凭证、现金收款凭证及借方为库存现金的银行存款付款凭证（见单据 1-1-30 至单据 1-1-36），登记现金日记账（见单据 1-1-37）。

2013 年 1 月 1 日	库存现金	期初借方余额：5 600 元

图 1-1-8　期初余额

单据 1-1-30

付款凭证

贷方科目：银行贷款　　　　2013 年 1 月 6 日　　　　银付字第 1 号

摘　　要	借方科目	明细科目	金　　额							✓
			十	万	千	百	十	元	角	分
提现备用	库存现金			6	0	0	0	0	0	
合　　计				￥	6	0	0	0	0	0

会计主管　　　　　记账　　　　　复核　　　　出纳 *李欣*　　　　制单 *王丽*

附单据 1 张

单据 1-1-31

收款凭证

借方科目：库存现金　　　　　　2013 年 1 月 6 日　　　　　　现　收字第 1 号

摘　要	贷方科目	明细科目	金　额							
			十	万	千	百	十	元	角	分
收回多余出差款	其他应收款	王杰				1	4	0	0	0
合　计					¥	1	4	0	0	0

会计主管　　　　　记账　　　　　复核　　　　　出纳 李欣　　　　　制单 王丽

附单据 1 张

单据 1-1-32

收款凭证

借方科目：库存现金　　　　　　2013 年 1 月 8 日　　　　　　现　收字第 2 号

摘　要	贷方科目	明细科目	金　额							
			十	万	千	百	十	元	角	分
销售商品	主营业务收入				3	5	1	0	0	0
	应交税费	应交增值税 (销项额)				3	2	1	3	0
合　计				¥	3	8	3	1	3	0

会计主管　　　　　记账　　　　　复核　　　　　出纳 李欣　　　　　制单 王丽

附单据 2 张

单据 1-1-33

付款凭证

贷方科目：库存现金　　　　　　2013 年 1 月 8 日　　　　　　现　付字第 1 号

摘　要	借方科目	明细科目	√ 金　额							
			十	万	千	百	十	元	角	分
预支差旅费	其他应收费	徐良			1	0	0	0	0	0
合　计				¥	1	0	0	0	0	0

会计主管　　　　　记账　　　　　复核　　　　　出纳 李欣　　　　　制单 王丽

附单据 1 张

单据 1-1-34

付款凭证

贷方科目：库存现金　　　　　2013 年 1 月 14 日　　　　　现__付字第 2 号

摘　　要	借方科目	明细科目	金　　额								√
			十	万	千	百	十	元	角	分	
报销托费	应付职工薪酬	职工福利				3	0	0	0	0	
合　　计					¥	3	0	0	0	0	

会计主管　　　　　记账　　　　　复核　　　　　出纳 李欣　　　　　制单 王丽

附单据 1 张

单据 1-1-35

收款凭证

借方科目：库存现金　　　　　2013 年 1 月 29 日　　　　　现__收字第 3 号

摘　　要	贷方科目	明细科目	金　　额								√
			十	万	千	百	十	元	角	分	
销售材料	其他业务收入					3	0	0	0	0	
	应交税费	应交增值税（销项税额）					5	1	0	0	
合　　计					¥	3	5	1	0	0	

会计主管　　　　　记账　　　　　复核　　　　　出纳 李欣　　　　　制单 王丽

附单据 1 张

单据 1-1-36

收款凭证

借方科目：库存现金　　　　　2013 年 1 月 29 日　　　　　现__收字第 4 号

摘　　要	贷方科目	明细科目	金　　额								√
			十	万	千	百	十	元	角	分	
收多余备用金	其他应收款	张平					1	0	0	0	0
合　　计					¥	1	0	0	0	0

会计主管　　　　　记账　　　　　复核　　　　　出纳 李欣　　　　　制单 王丽

附单据 1 张

单据 1-1-37

现金日记账

年		凭证		摘要	借方									贷方									借或贷	余额									√
月	日	种类	号数		千	百	十	万	千	百	十	元	角	分	千	百	十	万	千	百	十	元	角	分		千	百	十	万	千	百	十	元	角	分	

📖 **知识链接**

1. 现金日记账

现金日记账是用来核算和监督库存现金每天的收入、支出和结存情况的账簿。它由出纳人员根据与现金收付有关的记账凭证，如现金收款凭证、现金付款凭证、银行付款（提现业务）凭证，逐日逐笔地进行登记，并随时结记余额。

登记现金日记账时，除了遵循账簿登记的基本要求外，还应注意以下栏目的填写方法。

（1）日期。

"日期"栏一般依据记账凭证登记，即此处日期为编制该记账凭证的日期。不能填写原始凭证上记载的发生或完成该经济业务的日期，也不能填实际登记该账簿的日期。

（2）凭证字号。

"凭证字号"栏中应填入据以登账的会计凭证类型及编号。例如，企业采用通用凭证格式，根据记账凭证登记现金日记账时，填入"记×号"；企业采用专用凭证格式，根据现金收款凭证登记现金日记账时，填入"收×号"。

（3）摘要。

"摘要"栏须简要说明入账的经济业务的内容，并力求简明扼要。

（4）对应科目。

"对应科目"栏应填入会计分录中"库存现金"科目的对应科目，用以反映库存现金增减变化的来龙去脉。在填写对应科目时，应注意以下 3 点。

① 对应科目只填总账科目，不需填明细科目。

② 当对应科目有多个时，应填入主要对应科目。如销售产品收到现金，则"库存现金"的对应科目有"主营业务收入"和"应交税费"。此时可在对应科目栏中填入"主营业务收

入",在借方金额栏中填入取得的现金总额,而不能将一笔现金增加业务拆分成两个对应科目金额填入两行。

③ 当对应科目有多个且不能从科目上划分出主次时,可在对应科目栏中填入其中金额较大的科目,并在其后加上"等"字。如用 800 元现金购买零星办公用品,其中 300 元由车间负担,500 元由行政管理部门负担,那么,在现金日记账"对应科目"栏中填入"管理费用等",在贷方金额栏中填入支付的现金总额 800 元。

(5)借方、贷方。

"借方金额"栏、"贷方金额"栏应根据相关凭证中记录的"库存现金"科目的借贷方向及金额记入。

(6)余额。

"余额"栏应根据"本行余额＝上行余额＋本行借方－本行贷方"公式计算填入。

在正常情况下,库存现金不允许出现贷方余额。因此,若现金日记账余额栏前未印有借贷方向,其余额方向则默认为借方。若在登记现金日记账过程中,由于登账顺序等原因出现了贷方余额,则在余额栏用红字登记,表示贷方余额。

2. 银行存款日记账

银行存款日记账是专门用来记录银行存款收支业务的一种特种日记账。其登记方法与现金日记账相同。

任务拓展

请结合期初金额(见图 1-1-9),并根据 2013 年 1 月由会计填制的银行收款凭证、银行付款凭证及借方为银行存款的现金付款凭证(见单据 1-1-38 至单据 1-1-44),登记银行存款日记账(见单据 1-1-45)。

2013 年 1 月 1 日	银行存款	期初借方余额:3 580 000 元

图 1-1-9 期初借方余额

单据 1-1-38

付款凭证

贷方科目:银行存款 　　　　　　2013 年 1 月 8 日 　　　　　　银__付字第 2 号

摘　要	借方科目	明细科目	金　额								✓	
			十	万	千	百	十	元	角	分		
发放工资	应付职工薪酬	工资		2	5	8	0	0	0	0		附单据2张
合　　计			¥	2	5	8	0	0	0	0		

会计主管　　　　　　记账　　　　　　复核　　　　　　出纳 李欣　　　　　　制单 王丽

单据 1-1-39

付款凭证

贷方科目：银行存款　　　　　　　2013 年 1 月 10 日　　　　　　　银　付字第 3 号

摘　要	借方科目	明细科目	金　额								✓
			十	万	千	百	十	元	角	分	
报销办公费	管理费用	办公费			2	3	0	0	0	0	
合　计				¥	2	3	0	0	0	0	

会计主管　　　　　　　记账　　　　　　　复核　　　　　　　出纳 李欣　　　　　　　制单 王丽

附单据 3 张

单据 1-1-40

付款凭证

贷方科目：银行存款　　　　　　　2013 年 1 月 12 日　　　　　　　银　付字第 4 号

摘　要	借方科目	明细科目	金　额								✓
			十	万	千	百	十	元	角	分	
办银行汇票	其他货币资金	银行汇票存款		6	0	0	0	0	0	0	
合　计				¥	6	0	0	0	0	0	0

会计主管　　　　　　　记账　　　　　　　复核　　　　　　　出纳 李欣　　　　　　　制单 王丽

附单据 2 张

单据 1-1-41

收款凭证

借方科目：银行存款　　　　　　　2013 年 1 月 14 日　　　　　　　银　收字第 1 号

摘　要	贷方科目	明细科目	金　额								✓
			十	万	千	百	十	元	角	分	
销售乙产品	主营业务收入			4	0	0	0	0	0	0	
	应交税费	应交增值税（销项税额）			6	8	0	0	0	0	
合　计				¥	4	6	8	0	0	0	0

会计主管　　　　　　　记账　　　　　　　复核　　　　　　　出纳 李欣　　　　　　　制单 王丽

附单据 1 张

单据1-1-42

付款凭证

贷方科目：银行存款　　　　　2013 年 1 月 23 日　　　　　银 付字第 5 号

摘　要	借方科目	明细科目	金　额								√
			十	万	千	百	十	元	角	分	
付水费	管理费用	水电费			3	5	2	0	0	0	
合　计				¥	3	5	2	0	0	0	

会计主管　　　　　记账　　　　　复核　　　　　出纳 李欣　　　　　制单 王丽

附单据 1 张

单据1-1-43

付款凭证

贷方科目：银行存款　　　　　2013 年 1 月 31 日　　　　　银 付字第 6 号

摘　要	借方科目	明细科目	金　额								√
			十	万	千	百	十	元	角	分	
缴纳所得税	应交税费	应交所得税			7	1	5	0	9	8	
合　计				¥	7	1	5	0	9	8	

会计主管　　　　　记账　　　　　复核　　　　　出纳 李欣　　　　　制单 王丽

附单据 1 张

单据1-1-44

收款凭证

借方科目：银行存款　　　　　2013 年 1 月 31 日　　　　　银 收字第 2 号

摘　要	贷方科目	明细科目	金　额								√
			十	万	千	百	十	元	角	分	
销售商品	主营业务收入			1	6	0	0	0	0	0	
	应交税费	应交增值税（销项税额）		2	7	2	0	0	0		
合　计			¥	1	8	7	2	0	0	0	

会计主管　　　　　记账　　　　　复核　　　　　出纳 李欣　　　　　制单 王丽

附单据 2 张

单据 1-1-45

银行存款日记账

年		凭证		摘 要	借 方										贷 方										借或贷	余 额									
月	日	种类	号数		千	百	十	万	千	百	十	元	角	分	千	百	十	万	千	百	十	元	角	分		千	百	十	万	千	百	十	元	角	分

任务评价

表 1-1-2 任务评价表

评价项目		评价内容	自评	组长评分	教师评分
工作任务完成情况（30%）					
组织能力（10%）					
工作质量及效率（10%）					
工作能力（20%）	处理能力（10%）				
	专业技能（10%）				
沟通协调（10%）					
工作态度与责任感（10%）					
工作勤惰与纪律性（10%）					

任务三 银行存款余额调节表的编制

情境导入

同学们，你们知道银行存款余额调节表是根据什么编制的吗？它又是怎样编制的？

单据 1-1-46

银行存款余额调节表

开户银行：中国工商银行市南支行　　　　账号：330987654321　　　2012 年 12 月 31 日

摘要	入账日期凭证号	金额	摘要	入账日期凭证号	金额
银行存款日记账余额		223 777.01	银行对账单余额		222 997.01
加：银行已收、企业未收			加：企业已收、银行未收		
1. 购货款		23 400.00	1. 销货款		11 700.00
2.			2. 销材料款		11 700.00
3.			3.		
4.			4.		
减：银行已付、企业未付			减：企业已付、银行未付		
1. 代付电费		2 300.00	购支票		20.00
2.			小车修理费		1 500.00
3.			3.		
4.			4.		
调节后的余额		244 877.01	调节后的余额		244 877.01

📊 任务准备

请同学们思考：银行存款余额调节表的编制方法是什么？

📋 任务清单

编制银行存款余额调节表。

🏃 任务实施

1. 训练目的

通过本训练，学生学会编制银行存款余额调节表。

2. 训练内容

编制银行存款余额调节表。

3. 训练资料

根据银行存款日记账和银行对账单（见单据 1-1-47 和单据 1-1-48），填写银行存款余额调节表（见单据 1-1-49）。

银行存款日记账

2013年		凭证		摘要	结算凭证		借方	贷方	余额
月	日	字	号		种类	号数			
1	24	银付	8	提现备用	现金支票	**		800.00	500 000.00
1	25	银付	9	支付材料费	转账支票	**		40 000.00	460 000.00
1	26	银付	10	支付广告费	转账支票	**		10 000.00	450 000.00
1	26	银收	6	存入销货款	进账单	**	80 000.00		530 000.00
1	29	银收	7	收到欠款	转账支票	**	50 000.00		580 000.00
1	29	银收	8	存销货款	进账单	**	70 000.00		650 000.00
1	30	银付	11	偿还欠款	转账支票	**		20 000.00	630 000.00

单据 1-1-48

中国工商银行对账单

户名：

账号：　　　　　　　币种：　　　　　　　　单位：　　　　第　　号

2013年		结算凭证		借方	贷方	余额
月	日	种类	号数			
1	24	现金	**	800.00		50 000.00
	25	转支	**	40 000.00		460 000.00
	26	转支	**	10 000.00		450 000.00
	26	进账单	**		80 000.00	530 000.00
	27	委收	**	20 000.00		510 000.00
	29	进账单	**		70 000.00	580 000.00
	30	信汇	**		6 000.00	586 000.00

单据 1-1-49

银行存款余额调节表

开户银行：　　　　　　　　账号：　　　　　　　　年　　月　　日

摘要	入账日期凭证号	金额	摘要	入账日期凭证号	金额
银行存款日记账余额			银行对账单余额		
加：银行已收、企业未收			加：企业已收、银行未收		
1.			1.		
2.			2.		
3.			3.		
4.			4.		
减：银行已付、企业未付			减：企业已付、银行未付		
1.			1.		
2.			2.		
3.			3.		
4.			4.		
调节后的余额			调节后的余额		

知识链接

"银行存款余额调节表"是在银行对账单余额与企业账面余额的基础上，各自加上对方已收、本单位未收账项数额，减去对方已付、本单位未付账项数额，以调整双方余额使其一致的一种调节方法。

"银行存款余额调节表"的编制方法有3种，其计算公式如下。

（1）企业账面存款余额=银行对账单存款余额+企业已收而银行未收账项−企业已付而银行未付账项+银行已付而企业未付账项−银行已收而企业未收账项

（2）银行对账单存款余额=企业账面存款余额+企业已付而银行未付账项−企业已收而银行未收账项+银行已收而企业未收账项−银行已付而企业未付账项

（3）银行对账单存款余额+企业已收而银行未收账项−企业已付而银行未付账项=企业账面存款余额+银行已收而企业未收账项−银行已付而企业未付账项

通过核对调节，"银行存款余额调节表"上的双方余额相等，一般可以说明双方记账没有差错。如果经调节仍不相等，要么是由于未达账项未全部查出，要么是由于一方或双方记账出现差错，需要进一步采用对账方法查明原因，加以更正。调节相等后的银行存款余额是当日可以动用的银行存款实有数。对于银行已经划账，而企业尚未入账的未达账项，要待银行结算凭证到达后，才能据以入账，不能以"银行存款余额调节表"作为记账依据。

任务拓展

结合银行存款日记账的登记，完成与银行对账单的核对，并编制银行存款余额调节表。

任务评价

表1-1-3 　　　　　　　　　　　　　任务评价表

评价项目		评价内容	自评	组长评分	教师评分
工作任务完成情况（30%）					
组织能力（10%）					
工作质量及效率（10%）					
工作能力（20%）	处理能力（10%）				
	专业技能（10%）				
沟通协调（10%）					
工作态度与责任感（10%）					
工作勤惰与纪律性（10%）					

情境岗位二 会计

任务一　记账凭证的填制

情境导入

　　2012 年 6 月 3 日，出纳开出现金支票一张，票号 XII3576802，到工商银行提取现金 8 000 元，以备零星开支。当会计人员取得现金支票存根（见单据 1-2-1）的原始凭证后，应该进行哪项工作呢？会计人员如何填制记账凭证（见单据 1-2-2）呢？

单据 1-2-1

中国工商银行
现金支票存根

支票号码　XII3576802
科　　目＿＿＿＿＿＿＿＿＿＿
对方科目＿＿＿＿＿＿＿＿＿＿
签发日期　　2012 年 6 月 3 日

收款人：北京市中环电器公司
金　额：¥8 000.00
用　途：备用金
备　注
单位主管　　　会计：王丽

单据 1-2-2

记账凭证

2012 年 6 月 3 日   记 01 号

摘要	总账科目	明细科目	借 方 金 额											贷 方 金 额											记账
			亿	千	百	十	万	千	百	十	元	角	分	亿	千	百	十	万	千	百	十	元	角	分	
从银行提取现金	库存现金						8	0	0	0	0	0													
	银行存款																	8	0	0	0	0	0		
附单据 1 张	合　计				¥	8	0	0	0	0	0						¥	8	0	0	0	0	0		

会计主管　　　　记账　　　　审核　　　　出纳 *李欣*　　　　制单 *王丽*

任务准备

请同学们思考：记账凭证的填制方法是什么？

任务清单

1. 分析原始凭证。
2. 填制记账凭证。

任务实施

1. 训练目的

通过该部分训练，学生能够根据所提供的原始凭证准确地填写记账凭证。

2. 训练内容

（1）分析原始凭证

（2）填写记账凭证

3. 训练资料

（1）2012 年 6 月 1 日，青岛皓翔科技有限公司向工商银行取得借款，如图 1-2-1、单据 1-2-3 所示。填写单据 1-2-4。

公司董事会决议

　　公司于 2012 年 6 月 1 日召开董事会议，公司高层管理人员列席了会议。经与会董事审议，批准了公司关于向中国工商银行青岛四方区支行申请流动资金借款的议案。

　　决定向长安里支行申请借款 20 万元人民币，用于公司的生产经营，期限 9 个月。

……

青岛皓翔科技有限公司董事会

二〇一二年六月一日

图 1-2-1　借款说明

单据 1-2-3

贷款凭证（3）（收账通知）

2012 年 6 月 1 日

贷款单位	青岛皓翔科技有限公司	种类	短期	贷款记账号	工行市南支行 81451058675081002									

金额	人民币（大写）**贰拾万元整**	千	百	十	万	千	百	十	元	角	分
			¥	2	0	0	0	0	0	0	0

用途	流动资金周转	单位申请期限	自 2012 年 6 月 1 日起至 2013 年 3 月 1 日
		银行核定期限	自 2012 年 6 月 1 日起至 2013 年 3 月 1 日

上述贷款已核准发放，并转入你单位账号。
月利率：0.7%。

转讫（青岛市工商银行四方区支行 2012 年 6 月 1 日）

单位会计分录		
收入		
付出		
复核	记账	
主管	会计	

单据 1-2-4

记账凭证

字第 号

年 月 日

摘 要	科 目		借 方 金 额											贷 方 金 额											√
	总账科目	明细科目	亿	千	百	十	万	千	百	十	元	角	分	亿	千	百	十	万	千	百	十	元	角	分	
	合 计																								

附单据 张

会计主管： 记账： 出纳： 复核： 制单：

（2）2012 年 6 月 1 日，接受深圳大兴投资公司投入资金 220 万元，如图 1-2-2 和单据 1-2-5 所示。填写单据 1-2-6。

青岛皓翔科技有限公司
关于同意吸收投资人的决议

按照有关法律、法规，2012 年 6 月 1 日，由青岛皓翔科技有限公司全体股东召开会议研究，决定同意吸收深圳大兴投资公司为企业投资人。

企业现有注册资本 1 000 万元，会议同意由深圳大兴投资公司出资货币资金 220 万，投资完成后企业注册资本达到 1 200 万元。

各股东以货币出资分别为：

华北机械厂投资 600 万元人民币，占注册资本 1/2；

齐鲁投资有限公司投资专有技术 200 万元人民币，占注册资本 1/6；

决议同意由深圳大兴投资公司出资货币资金 220 万，按 20 万元列入资本金，占注册资本 1 200 万元的 1/6。

青岛皓翔科技有限公司

二零一二年六月一日

图 1-2-2　同意吸收投资人的决议

单据 1-2-5

付款期限
壹个月

中国工商银行

银 行 汇 票 （解讫/通知） 3

汇票号码
第　号

出票日期
（大写）　贰零壹贰 年 陆 月 零壹 日　　代理付款行：工行深南路支行　行号：21035021568

余额贷方凭证
此联代理付款行兑付后随报单寄出票行，由出票行作多

| 收款人：青岛皓翔科技有限公司 | 账号：81451058675081002 |

出票金额　人民币（大写）　贰佰贰拾万元整

| 实际结算金额 | 人民币（大写） | 千 百 十 万 千 百 十 元 角 分 |
| | | ￥ 2 2 0 0 0 0 0 0 0 |

申请人：深圳大兴投资公司　　账号或住址：32056371232

出票行：工行深南路支行　行号：21035021568

备　注：＿＿＿＿＿＿＿＿＿

代理付款行盖章

密押	科目（借）＿＿＿
多余金额	对方科目（贷）＿＿＿
千 百 十 万 千 百 十 元 角 分	转账日期：　年　月

复核　　经办　　　　　　　　　　　　复核　　　　记账

单据 1-2-6

记 账 凭 证　　　字第　号

年 月 日

摘　要	科　目		借 方 金 额	贷 方 金 额	√
	总账科目	明细科目	亿千百十万千百十元角分	亿千百十万千百十元角分	
	合　计				

会计主管：　　记账：　　出纳：　　复核：　　制单：

附单据　张

（3）2012 年 6 月 3 日从天津电子机械厂购入材料一批，如单据 1-2-7 至单据 1-2-9 所示，填写单据 1-2-10。

天津市增值税专用发票

发 票 联   No. 04838848

开票日期：*2012* 年 *6* 月 *3* 日

购货单位	名 称：**青岛皓翔科技有限公司** 纳税人识别号：*201256784567890* 地址、电话：**青岛市南区中山路 168 号** 开户行及账户：**中国工商银行市南支行** *330987654321*	密码区	245687478/>+<1248<-< 加密版本：01 *+--457-</148<-22-45 8641516972 *-4-78>879458136845<7+0 14785412 9/92/279>>->98>><1 478131

货物或应税劳务名称	规格型号	单位	数量	单价	金额	税率	税额
材料					900 000.00	17%	153 000.00
合　计					¥990 000.00	17%	153 000.00
价税合计（大写）	**壹佰零伍万叁仟元整**				（不写）1 053 000.00		

销货单位	名 称：**天津电子机械厂** 纳税人识别号：*420563426735637* 地址、电话：**天津市五里路 223 号** 开户行及账户：**工商银行五里支行** *42045276341*	备注

收款人：　　　　复核人：　　　　开票：**刘叶**　　　　销货单位：（章）

中国工商银行

付款期限 **壹个月**	银 行 汇 票 （多余款 收账通知）4	汇票号码 第×01213 号

出票日期 （大写）	**贰零壹贰 年 零陆 月 零叁 日**	代理付款行：**市南区支行** 行号：**8866**

收款人：**天津电子机械厂**											
出票金额	人民币（大写）	**壹佰零伍万叁仟元整**									
实际结算金额	人民币（大写）	**壹佰零伍万叁仟元整**	千	百	十	万	千	百	十	元	角	分
			¥	1	0	5	3	0	0	0	0	0

申请人：＿＿＿＿＿＿　　　账号或住址：＿＿＿＿＿＿＿＿

出票行：＿＿＿＿＿　　　行号：＿＿＿＿＿＿

备 注：＿＿＿＿＿

出票行盖章

密押									左列退回多余金额已收入 你账户内
多余金额									
千	百	十	万	千	百	十	元	角	分	
年　月　日	¥	1	0	5	3	0	0	0	0	0	财务主管　复核　经办

单据 1-2-9

收 料 单

2012 年 6 月 3 日　　　　收字　第 5 号

收料部门：仓库

种类	编号	名称	规格	数量	单位	单价	成本总额									
							千	百	十	万	千	百	十	元	角	分
材料	C01	Z 型电动机	ZD0001	2 000	台	450.00		9	0	0	0	0	0	0	0	0
备注							¥	9	0	0	0	0	0	0	0	0

第三联　财务记账

负责人：孙立　　　　记账：李涛　　　　验收：张华　　　　填单：刘菊

单据 1-2-10

记 账 凭 证

字第　号

年　月　日

摘　要	科　目		借方金额										贷方金额										√
	总账科目	明细科目	亿	千	百	十	万	千	百	十	元	角	分	亿	千	百	十	万	千	百	十	元	角	分	
	合　计																						

附单据　　张

会计主管：　　　　记账：　　　　出纳：　　　　复核：　　　　制单：

（4）2012 年 6 月 6 日开出现金支票（票号：XII415135），支付上月职工工资，如单据 1-2-11 和单据 1-2-12 所示。单据 1-2-13 和单据 1-2-14 供填写。

单据 1-2-11

青岛皓翔科技有限公司工资结算汇总表

2012 年 5 月 30 日

编号	部门	基本工资	津贴	奖金	缺勤应扣		应付工资	代扣款项		实发工资
					事假	迟到早退		代扣税款	其他代扣	
1	行政办公室	28 000.00	3 000.00	2 000.00	0.00	0.00	33 000.00	1 450.00		31 550.00
2	人力资源部	15 000.00	1 400.00	700.00	0.00	0.00	17 100.00	640.00		16 460.00
3	财务部	21 000.00	1 900.00	800.00	0.00	0.00	23 700.00	840.00		22 860.00
4	销售部	20 000.00	1 820.00	1 800.00	230.00	20.00	23 370.00	750.00		22 620.00
5	采购部	6 000.00	420.00	1 300.00	0.00	0.00	7 720.00	430.00		7 290.00
6	产品生产人员	155 700.00	2 800.00	25 000.00	270.00	20.00	183 210.00	1 170.00		182 040.00
7	车间管理人员	9 000.00	700.00	2 200.00	0.00	0.00	11 900.00	480.00		11 420.00
	合　计	254 700.00	12 040.00	33 800.00	500.00	40.00	300 000.00	5 760.00	0.00	294 240.00

转账付讫

审核：孙立　　　　部门负责人：孙立　　　　制表：李欣

单据 1-2-12

中国工商银行
现金支票存根

支票号码　XII415135
科　　目＿＿＿＿＿＿＿＿＿＿＿＿＿
对方科目＿＿＿＿＿＿＿＿＿＿＿＿＿
签发日期　*2012 年 6 月 6 日*

收款人：	*青岛皓翔科技有限公司*
金　额：	*¥294 240.00*
用　途：	*支付工资*
备　注	

单位主管　　　　会计

单据 1-2-13

记 账 凭 证

年　月　日　　　　　　　　字第　号

摘　要	科　目		借方金额										贷方金额										√
	总账科目	明细科目	亿	千	百	十	万	千	百	十	元	角	分	亿	千	百	十	万	千	百	十	元	角	分	
合　计																									

会计主管：　　　记账：　　　出纳：　　　复核：　　　制单：

附单据　张

单据 1-2-14

记 账 凭 证

年　月　日　　　　　　　　字第　号

摘　要	科　目		借方金额										贷方金额										√
	总账科目	明细科目	亿	千	百	十	万	千	百	十	元	角	分	亿	千	百	十	万	千	百	十	元	角	分	
合　计																									

会计主管：　　　记账：　　　出纳：　　　复核：　　　制单：

附单据　张

第一篇　单项实训

（5）2012 年 6 月 7 日公司采购员李明经领导批准，计划到西安出差，预支差旅费 1 500 元，如单据 1-2-15 所示。填写单据 1-2-16。

单据 1-2-15

借 支 单

2012 年 6 月 7 日

借款部门	采购部	职别	职员	出差人姓名	李明
借款事由	公务出差西安			现金付讫	
借款金额人民币（大写）：		壹仟伍佰元整			¥1 500.00
批准人	王政	部门负责人	刘一明	财务负责人	高明

收款人：李明

单据 1-2-16

记 账 凭 证

字第 号

年 月 日

摘 要	科 目		借 方 金 额	贷 方 金 额	√
	总账科目	明细科目	亿千百十万千百十元角分	亿千百十万千百十元角分	
	合 计				

附单据　　　张

会计主管：　　　　记账：　　　　出纳：　　　　复核：　　　　制单：

（6）2012 年 6 月 7 日，基本生产车间领用材料 Y 型电动机 2 000 台，电热元件 2 000 件，Z 型电动机 2 000 台，离心式风机 2000 台，如单据 1-2-17 所示。填写单据 1-2-18。

单据 1-2-17

领 料 单

发货仓库：仓库　　　　　　　　　　　　　　　　　第 1 号

领料部门：基本生产车间　　　　　　　　　　　2012 年 6 月 7 日

类别	编号	名称型号	单位	应发数量	实发数量	单位成本	金额
材料	C01	Z 型电动机	台	2 000	2 000	450	900 000.00
材料	C02	离心式风机	台	2 000	2 000	250	500 000.00
材料	C03	Y 型电动机	台	2 000	2 000	200	400 000.00
材料	C04	电热元件	台	2 000	2 000	100	200 000.00
	合 计						2 000 000.00

负责人：　　　　经发：徐克　　　　保管：黄政云　　　　填单：刘胜

第三联　财务记账

记 账 凭 证

字第　号

年　月　日

摘　要	科　目		借 方 金 额	贷 方 金 额	√
	总账科目	明细科目	亿千百十万千百十元角分	亿千百十万千百十元角分	
	合　　计				

会计主管：　　　　记账：　　　　出纳：　　　　复核：　　　　制单：

附单据　　张

（7）2012 年 6 月 9 日，转账支付上月未交增值税、城市维护建设税以及教育费附加，如单据 1-2-19 所示。填写单据 1-2-20。

单据1-2-19

中 华 人 民 共 和 国
税 收 通 用 缴 款 书

地

（20126）京地缴电 60493952 号

隶属关系：区

注册类型：有限责任公司　　　填发日期：2008 年 6 月 9 日　　　征收机关：北京市征收局

缴款单位（个人）	代　码	05136368	预算科目	编　码	1020101（20066）
	全　称	青岛皓翔科技有限公司		名　称	社保
	开户银行	工行市南区支行		级　次	市级40%区级60%
	账　号	330987654321		收缴国库	青岛市国库

税款所属时期	2012 年 05 月 01 日至 2008 年 05 年 31 日	税款限缴日期	2008 年 6 年 10 日

品　目 名　称	课税 数量	计税金额或 销售收入	税率或 单位税额	应缴 税额	已缴或 扣除额	实缴金额
城市维护建设税		200 650.00	7%	14 045.50	0	14 045.5
教育费附加		200 650.00	3%	6 019.5	0	6 019.5

中国工商银行市南区支行
2012 年 06 月 09 日

金额合计（大写）人民币贰万零陆佰陆拾伍元整	转	¥20 065.00

缴款单位（个人）（盖章） 填票人 周华利 经办人（章）	上列款项已收妥并划转收款单位账户 国库（银行）盖章　　年　　月　　日	备注 正常一般　社保批量转 申报 社保号：0277301

青岛市地方税务局 征税专用章 长安里 07

逾期不缴按税法规定加收滞纳金

无银行收讫章无效

第一联（收据）国库（经收处）收款盖章后退缴款单位（个人）作完税凭证

单据 1-2-20

记 账 凭 证

字第 号

年 月 日

摘 要	科 目		借 方 金 额										贷 方 金 额										√
	总账科目	明细科目	亿	千	百	十	万	千	百	十	元	角	分	亿	千	百	十	万	千	百	十	元	角	分	
合 计																								

附单据 张

会计主管: 记账: 出纳: 复核: 制单:

（8）2012 年 6 月 9 日，用现金购买办公用品，如单据 1-2-21 和单据 1-2-22 所示。填写单据 1-2-23。

单据 1-2-21

青岛市增值税普通发票

全国统一发票监制章
青岛市
国家税务局监制

142010623501
No.02036895

购方单位：青岛皓翔科技有限公司

2012 年 6 月 9 日

品名及规格	货物或劳务名称	单位	数量	单价	金 额						
					万	千	百	十	元	角	分
档案盒		个	50	6.00		3	0	0	0	0	
装订机		个	2	210.00		4	2	0	0	0	
信笺		本	100	2.80		2	8	0	0	0	

②付款方报销凭证

金额（大写）零仟零佰零拾零元零角零分 ¥1 000.00

备注：

开票单位盖章 复核人 收款人 开票人 周芸

单据 1-2-22

支 出 证 明 单

2012 年 6 月 9 日

附件共 1 张

支出科目	摘 要	金 额							缺乏正式单据之原因
		万	千	百	十	元	角	分	
购办公用品	购装订机等		1	0	0	0	0	0	

现金付讫

合计人民币（大写）：¥ 万 壹 仟 零 佰 零 拾 零 元 零 角 零 分 ¥1 000.00

核准：王政 复核：孙立 证明人：张利 经手：李欣

单据 1-2-23

记 账 凭 证

字第　　号

年　月　日

摘　要	科　目		借方金额	贷方金额	√
	总账科目	明细科目	亿千百十万千百十元角分	亿千百十万千百十元角分	
合　计					

会计主管：　　　　记账：　　　　出纳：　　　　复核：　　　　制单：

（9）2012 年 6 月 9 日，从青岛密云纸箱厂采购纸箱 800 个，单价 6.5 元，增值税 884 元，开出转账支票（XII415136），支付购货款，如单据 1-2-24 至单据 1-2-26 所示。填写单据 1-2-27。

单据 1-2-24

青岛市增值税专用发票

发 票 联

No.　04838848

开票日期：2012 年 6 月 9 日

购货单位	名　　称：青岛皓翔科技有限公司
	纳税人识别号：201256784567890
	地址、电话：青岛市市南区中山路 168 号
	开户行及账户：工行市南区支行
	330987654321

密码区

245687478/>+<1248<-< 加密版本：01
*+—457-</148<-22-45　8641516972
*-4-78>879458136845<7+0　14785412
9/92/279>>->98>><1　478131

货物或应税劳务名称	规格型号	单位	数量	单价	金额	税率	税额
纸箱					5 200.00	17%	884.00
合　计					5 200.00	17%	884.00
价税合计（大写）	陆仟零捌拾肆元整				6 084.00		
销货单位	名　　称：青岛密云纸箱厂						
	纳税人识别号：420563426735637						
	地址、电话：青岛市密云路 3 号						
	开户行及账户：工商银行密云支行						
	42045276341						

收款人：　　　　复核：　　　　开票人：刘叶　　　　销货单位：（章）

单据 1-2-25

收　料　单

2012 年 6 月 9 日　　　　　专字　第 5 号

收料部门：仓库

种类	编号	名称	规格	数量	单位	单价	成本总额									
							千	百	十	万	千	百	十	元	角	分
周转材料		纸箱		800	个	6.50				5	2	0	0	0	0	0
备注									¥	5	2	0	0	0	0	0

负责人：张丽　　　　记账：王丽　　　　验收：张华　　　　填单：刘芮

第三联　财务记账

单据 1-2-26

中国工商银行
转账支票存根

支票号码　XII415136

科　　目＿＿＿＿＿＿＿＿＿＿

对方科目＿＿＿＿＿＿＿＿＿＿

签发日期　2012 年 6 月 9 日

收款人：	青岛客云纸箱厂
金　额：	¥6 084.00
用　途：	支付购料款
备　注	
单位主管	会计

单据 1-2-27

记　账　凭　证

字第　号

年　月　日

摘　要	科　目		借方金额										贷方金额										√
	总账科目	明细科目	亿	千	百	十	万	千	百	十	元	角	分	亿	千	百	十	万	千	百	十	元	角	分	
合　计																									

会计主管：　　　记账：　　　出纳：　　　复核：　　　制单：

附单据　张

（10）2012 年 6 月 10 日，开出转账支票（票号：XII415138）支付财产保险费 1 080 元，如单据 1-2-28 和单据 1-2-29 所示。填写单据 1-2-30。

单据 1-2-28

中国太平洋保险公司保险费发票

发票代码：246158101564

2012 年 6 月 10 日填制　　　　　发票代码：00061254

交款人	*青岛皓翔科技有限公司*	付款方式	*支票*
交款事由	*财产保险费*	保险单号	*48795*
金额（大写）*人民币壹仟零捌拾元整*			
盖章：			
会计主管：	记账：	审核：	出纳：　　经办：*李丽*

单据 1-2-29

中国工商银行
转账支票存根

支票号码　XII415138

科　　　目＿＿＿＿＿＿＿＿＿

对方科目＿＿＿＿＿＿＿＿＿

签发日期　*2012 年 6 月 10 日*

收款人：
金　额：¥*1 080.00*
用　途：*支付财产保险费*
备　注
单位主管　　　　会计

单据 1-2-30

记 账 凭 证

字第　号

年　　月　　日

摘　要	科　目		借方金额										贷方金额										√
	总账科目	明细科目	亿	千	百	十	万	千	百	十	元	角	分	亿	千	百	十	万	千	百	十	元	角	分	
合　计																									

会计主管：　　　　记账：　　　　出纳：　　　　复核：　　　　制单：

（11）2012 年 6 月 13 日，李明出差回来报销差旅费，如单据 1-2-31 和单据 1-2-32 所示。填写单据 1-2-33。

单据 1-2-31

差 旅 费 报 销 单

2012 年 6 月 13 日   单据张数 6 张

姓名 李明   部门 市场部   出差事由 西安出差

起止日期				起止地点	火车费	市内车费	住宿费	途中伙食补助			住勤费		其他
月	日	月	日					标准	天数	金额	天数	金额	
6	6	6	7	青岛—西安	126.00	148.00	250.00	60.00	5.0	300.00	5.00	350.00	
6	#	6	#	西安—青岛	126.00								
			合　计		252.00	148.00	250.00	60.00	5.00	300.00	5.00	350.00	

人民币（大写）壹仟叁百元整   应退（补）：/

审核：王政   部门主管：刘一明   财务主管：高明

单据 1-2-32

收 款 收 据

2012 年 6 月 13 日   编号：154798

交款人（单位）	李明									
摘　要	交来差旅费多余款项		万	千	百	十	元	角	分
金额（大写）	人民币贰佰元整			¥	2	0	0	0	0

（印章：青岛皓翔技有限公司财务专用章 会计科）

主管   会计   出纳：李欣

单据 1-2-33

记 账 凭 证

字第　号

年　月　日

摘　要	科　目		借方金额										贷方金额										√
	总账科目	明细科目	亿	千	百	十	万	千	百	十	元	角	分	亿	千	百	十	万	千	百	十	元	角	分	
合　计																								

附单据　张

会计主管：   记账：   出纳：   复核：   制单：

（12）2012 年 6 月 15 日，向武汉九头鸟公司销售货物，收到该公司交来为期 30 天的商业承兑汇票。如单据 1-2-34 至单据 1-2-36 所示。填写单据 1-2-37。

单据 1-2-34

青岛市增值税专用发票

此联不作报销、扣款凭证使用　　　　　　　No. 001785962

开票日期：*2012 年 6 月 15 日*

购货单位	名　　称：*武汉九头鸟公司* 纳税人识别号：*320105783624167* 地址、电话：*武汉市江大路 2 号 84667188* 开户行及账户：*建行江大支行* *3205637123*				密码区	458687478/>+<1248<-<　加密版本：01 *+--457-</148<-22-45　4589216972 *-3-65>879458136845<7+0　12455412 8/56/145>>-->98>><1　　478131		
货物或应税劳务名称	规格型号	单位	数量	单价	金额	税率	税额
靓爽牌电吹风		*台*	*200*	*500.00*	*100 000.00*	*17%*	*17 000.00*
合　计					*100 000.00*	*17%*	*17 000.00*
价税合计（大写）　*壹拾壹万柒仟元整*					（小写）¥ *117 000.00*		
销货单位	名　　称：*青岛市皓翔科技有限公司* 纳税人识别号：*201256784567890* 地址、电话：*青岛市市南区中山路 168 号* 开户行及账户：*工行青岛市南区支行* *330987654321*				备注			

收款人：　　　　　复核人：　　　　　开票人：*周云丽*　　　　　销货单位：（章）

第三联　记账联　销货方记账凭证

单据 1-2-35

出　库　单

发货仓库：*仓库*　　　　　　　　　　　　　　　　第　　　号

提货单位：*武汉九头鸟公司*　　　　　　　　　　*2008 年 6 月 13 日*

类别	编号	名　称　型　号	单位	应发数量	实发数量	单位成本	金　额
产品	*D02*	*靓爽牌电吹风 D0022*	*台*	*200*	*200*		
合　计							

负责人：　　　　　经发：　　　　　保管：*黄改云*　　　　　填单：

第三联　财务记账

单据 1-2-36

商业承兑汇票（卡片）　2

出票日期（大写）　贰零壹贰年陆月壹拾伍日　　汇票号码 第 XI025 号

付款人	全　称	武汉九头鸟公司	收款人	全　称	青岛市皓翔科技有限公司
	账　号	3205637123		账　号	330987654321
	开户银行	建行江大支行　行号 34256		开户银行	工行市南区支行　行号 67238

出票金额	人民币（大写）　壹拾壹万柒仟元整	千 百 十 万 千 百 十 元 角 分
		￥ 1 1 7 0 0 0 0 0

汇票到期日		交易合同号码	

本汇票已经承兑，到期无条件支付票款　　　　本汇票请予以承兑于到期日付款

汇票专用章

承兑人签章
承兑日期　2012 年 6 月 13 日　　　　　　　　　　出票人签章

单据 1-2-37

记 账 凭 证

年　月　日　　　　　　字第　号

摘　要	科　目		借方金额	贷方金额	√
	总账科目	明细科目	亿千百十万千百十元角分	亿千百十万千百十元角分	
	合　计				

会计主管：　　　记账：　　　出纳：　　　复核：　　　制单：

附单据　　张

　　（13）2012 年 6 月 18 日销售产品给北京鸿发有限责任公司，收到对方开出的一张转账支票，如单据 1-2-38 至单据 1-2-40 所示。填写单据 1-2-41。

单据 1-2-38

青岛市增值税专用发票

此联不作报销、扣款凭证使用   No. 001785962

开票日期：*2013* 年 *6* 月 *18* 日

<table>
<tr><td rowspan="5">购货单位</td><td>名　　　称：</td><td colspan="5">*北京鸿发有限责任公司*</td><td rowspan="5">密码区</td><td colspan="2">458687478/>+<1248<-<　加密版本：01</td></tr>
<tr><td>纳税人识别号：</td><td colspan="5">*320105783624167*</td><td colspan="2">*+--457-</148<-22-45　4589216972</td></tr>
<tr><td>地址、　电话：</td><td colspan="5">*北京市安替路3号 54674589*</td><td colspan="2">*-3-65>879458136845<7+0　12455412</td></tr>
<tr><td>开户行及账号：</td><td colspan="5">*建行东城支行*</td><td colspan="2">8/56/145>>->98>><1　　478131</td></tr>
<tr><td></td><td colspan="5">*3205637123*</td><td colspan="2"></td></tr>
<tr><td colspan="2">货物或应税劳务名称</td><td>规格型号</td><td>单位</td><td>数量</td><td>单价</td><td>金额</td><td>税率</td><td>税额</td></tr>
<tr><td colspan="2">*洁替牌吸尘器*</td><td>*X0011*</td><td>*台*</td><td>*2 000*</td><td>*1 000*</td><td>*2 000 000.00*</td><td>*17%*</td><td>*340 000.00*</td></tr>
<tr><td colspan="2">合　　计</td><td></td><td></td><td></td><td></td><td>2 000 000.00</td><td>17%</td><td>340 000.00</td></tr>
<tr><td colspan="2">价税合计（大写）</td><td colspan="4">*贰佰叁拾肆万元整*</td><td colspan="3">（小写）¥2 340 000.00</td></tr>
<tr><td rowspan="4">销货单位</td><td>名　　　称：</td><td colspan="4">*青岛市皓翔科技有限公司*</td><td rowspan="4">备注</td><td colspan="2"></td></tr>
<tr><td>纳税人识别号：</td><td colspan="4">*201256784567890*</td><td colspan="2"></td></tr>
<tr><td>地址、　电话：</td><td colspan="4">*青岛市市南区中山路168号*</td><td colspan="2"></td></tr>
<tr><td>开户行及账号：</td><td colspan="4">*工行青岛市南区支行　330987654321*</td><td colspan="2"></td></tr>
</table>

收款人：　　　　复核：　　　　　开票人：*周云丽*　　　　销货单位：（章）

单据 1-2-39

中国工商银行 进 账 单（回 单）1

2012 年 *6* 月 *18* 日　　　　　　　　　　　第　　号

<table>
<tr><td rowspan="3">签发人</td><td>全　　称</td><td colspan="3">*北京鸿发有限责任公司*</td><td rowspan="3">收款人</td><td>全　　称</td><td colspan="11">*青岛皓翔科技有限公司*</td></tr>
<tr><td>账　　号</td><td colspan="3">*32056237123*</td><td>账　　号</td><td colspan="11">*3309876543*</td></tr>
<tr><td>开户银行</td><td colspan="3">*建行东城支行*</td><td>开户银行</td><td colspan="11">*工商银行长安里支行*</td></tr>
<tr><td rowspan="3">人民币
（大写）</td><td colspan="5" rowspan="3">*贰佰叁拾肆万元整*</td><td colspan="2" rowspan="3">中国工商银行北京分行
2012.6.18
转讫</td><td>千</td><td>百</td><td>十</td><td>万</td><td>千</td><td>百</td><td>十</td><td>元</td><td>角</td><td>分</td></tr>
<tr><td></td><td>¥</td><td>2</td><td>3</td><td>4</td><td>0</td><td>0</td><td>0</td><td>0</td><td>0</td><td>0</td></tr>
<tr><td></td><td></td><td></td><td></td><td></td><td></td><td></td><td></td><td></td><td></td><td></td></tr>
<tr><td>票据种类</td><td colspan="2">*转账支票*</td><td>票据张数</td><td>*1张*</td><td colspan="11"></td></tr>
<tr><td>票据号码</td><td colspan="4">*N 58964*</td><td colspan="11"></td></tr>
<tr><td colspan="5"></td><td colspan="11">开户银行签章</td></tr>
<tr><td colspan="5">单位主管　会计　复核　记账</td><td colspan="11"></td></tr>
</table>

单据 1-2-40

出 库 单

发货仓库：　　　　　　　　　　　　　　　　　　　　　　　　　第　号
提货单位：　　　　　　　　　　　　　　　　　　　2012 年 6 月 18 日

类别	编号	名 称 型 号	单位	应发数量	实发数量	单位成本	金 额
产品		洁静牌吸尘器	台	2 000	2 000		
		合　计					

第三联　财务记账

负责人：王芳　　　　经发：刘俊　　　　保管：黄政云　　　　填单：王勇

单据 1-2-41

记 账 凭 证

字第　号

年　月　日

摘　要	科　目		借方金额	贷方金额	√
	总账科目	明细科目	亿千百十万千百十元角分	亿千百十万千百十元角分	
	合　计				

附单据　张

会计主管：　　　记账：　　　出纳：　　　复核：　　　制单：

（14）2012 年 6 月 20 日接到银行通知，收到本季度银行利息 265 元，如单据 1-2-42 所示。填写单据 1-2-43。

单据 1-2-42

中国工商银存款利息凭证

2012 年 6 月 20 日

收款单位	账　号	3.30988E+11	付款单位	账　号	2000034578
	户　名	青岛皓翔科技有限公司		户　名	工行市南支行
	开户银行	工行青岛市南区支行		开户银行	工行市南支行
积数：		利率：0.98‰	利息：265.00		

工商银行青岛市南支行
2012 年 6 月 20 日
转讫

科　目＿＿＿＿
对方科目＿＿＿＿

＿＿＿＿户第 2 季度利息　　　复核员：　　　记账员：张明

此联出票人开户银行交给出票人的回单

单据 1-2-43

记 账 凭 证

字第　号

年　月　日

摘 要	科 目		借方金额										贷方金额										√
	总账科目	明细科目	亿	千	百	十	万	千	百	十	元	角	分	亿	千	百	十	万	千	百	十	元	角	分
合　计																								

会计主管：　　　　记账：　　　　出纳：　　　　复核：　　　　制单：

附单据　张

（15）2012 年 6 月 20 日，经董事会决定将一笔无法支付的货款转作营业外收入，如图 1-2-3 所示。填写单据 1-2-44。

青岛皓翔科技有限公司

关于同意转销无法支付前欠货款的批复

财务部：

　　你部《关于转销无法支付前欠深圳天意商贸公司货款的请示》已经收悉。经核实，所述该公司已经破产倒闭事实属实，根据有关财务制度的规定，同意将该应付账款 6 000 元（人民币陆仟元整）转作营业外收入。请按照相关财务制度进行账务处理。

特此批复。

青岛市皓翔科技有限公司
公司董事会
（盖章）
董事会章
2012-6-20

图 1-2-3　同意转销无法支付前欠货款的批复

单据 1-2-44

记 账 凭 证

字第　号

年　月　日

摘 要	科 目		借方金额										贷方金额										√
	总账科目	明细科目	亿	千	百	十	万	千	百	十	元	角	分	亿	千	百	十	万	千	百	十	元	角	分
合　计																								

会计主管：　　　　记账：　　　　出纳：　　　　复核：　　　　制单：

附单据　张

（16）2012 年 6 月 25 日，经领导同意，发放职工李明困难补助。如单据 1-2-45 和单据 1-2-46 所示。填写单据 1-2-47。

单据 1-2-45

青岛市皓翔科技有限公司
员工补助发放表
2012 年 6 月 25 日

姓名	项目	金额	签名
李明	困难补助	580.00	李明
合　计		580.00	

审批：王政　　　　　　制表：刘明

单据 1-2-46

支 出 证 明 单
2012 年 6 月 25 日　　　　　　　　　　　附件共 1 张

支出科目	摘　要	金　额							缺乏正式单据之原因
		万	千	百	十	元	角	分	
支付困难补助	困难补助		5	8	0	0	0	0	现金付讫

合计人民币（大写）：万 ¥ 仟 伍 佰 捌 拾 零 元 零 角 零 分　　　¥580.00

核准：王政　　　　复核：孙立　　　　证明人：张乐喜　　　　经手：刘明

单据 1-2-47

记 账 凭 证
字第　号
年　　月　　日

摘　要	科　目		借方金额										贷方金额										√
	总账科目	明细科目	亿	千	百	十	万	千	百	十	元	角	分	亿	千	百	十	万	千	百	十	元	角	分
合　计																								

附单据　张

会计主管：　　　记账：　　　出纳：　　　复核：　　　制单：

（17）2012 年 6 月 30 日分配本月水费，如单据 1-2-48 所示。填写单据 1-2-49。

单据 1-2-48

外购水费分配表

2012 年 6 月 30 日

应借科目＼项目	耗用量（立方）	单价	金额	共同耗用分配		
				分配标准（生产工人工资）	分配率	金额
制造费用	480			×	×	×
管理费用	220			×	×	×
销售费用	98			×	×	×
合计	798	2.50		×	×	×

审核：孙立　　　　　记账：　　　　　　制表：吴江

单据 1-2-49

记 账 凭 证

字第　号

年　　月　　日

摘　要	科　目		借 方 金 额										贷 方 金 额										√
	总账科目	明细科目	亿	千	百	十	万	千	百	十	元	角	分	亿	千	百	十	万	千	百	十	元	角	分	
合　计																									

附单据　张

会计主管：　　　记账：　　　出纳：　　　复核：　　　制单：

（18）2012 年 6 月 30 日分配本月电费，如单据 1-2-50 所示。填写单据 1-2-51。

单据 1-2-50

外购电费分配表

2012 年 6 月 30 日

应借科目＼项目			耗用量（度）	单价	金额	共同耗用分配		
						分配标准（产品生产工时）	分配率	金额
生产成本	基本生产成本	电吹风				110 小时		
		吸尘器				90 小时		
		小计	1 200			200 小时		
制造费用			400			×	×	×
管理费用			300			×	×	×
销售费用			100			×	×	×
合计			2 000	0.50		×	×	×

审核：孙立　　　　　记账：　　　　　　制单：吴江

单据 1-2-51

<table>
<tr><td colspan="11" align="center">记 账 凭 证</td><td align="right">字第 号</td></tr>
</table>

摘 要	科 目		借 方 金 额	贷 方 金 额	√
	总账科目	明细科目	亿千百十万千百十元角分	亿千百十万千百十元角分	
	合 计				

会计主管: 记账: 出纳: 复核: 制单:

附单据 张

（19）2012 年 6 月 30 日分配本月工资，如单据 1-2-52 至单据 1-2-54 所示。填写单据 1-2-55。

单据 1-2-52

青岛皓翔科技有限公司
员工工资册

2012 年 6 月

编号	姓名	部门	性别	职务	基本工资	津贴
101	王政	行政办公室	男	总经理	5 000	1 000
102	张芳	行政办公室	女	职员	2 720	500
...		行政办公室			...	...
201	李忆欣	人力资源部	男	部门经理	3 100	600
202	胡和平	人力资源部	男	职员	1 850	300
...		人力资源部			...	...
301	徐文龙	财务部	男	部门经理	3 700	700
302	王娜	财务部	女	出纳	800	200
...		财务部			...	...
401	黄百利	销售部	男	部门经理	4 450	900
402	余海	销售部	男	职员	2 700	500
...		销售部			...	...
501	马莉	采购部	女	部门经理	3 400.00	700.00
502	向伟	采购部	男	职员	2 800.00	500.00
...		采购部			...	...
601	林冰	生产车间	男	技术工人	3 600.00	700.00
602	李好	生产车间	女	工人	2 200.00	400.00
...		生产车间			...	...
合计					254 700.00	12 040.00

部门审核：李忆欣　　　　　　　　　　　制表：李欣

单据 1-2-53

青岛皓翔科技有限公司考勤表

2012 年 6 月

编号	姓名	部门	基本工资	日基本工资	事假扣款 天数	事假扣款 扣款金额	迟到早退 天数	迟到早退 扣款金额	其他	合计
101	王政	行政办公室	5 000	238	—	0		0		0.00
102	张芳	行政办公室	2 720	130		0		0		0.00
…		行政办公室	…	…	…	…	…	…	…	…
小计			10 840	516				0		0.00
201	李忆欣	人力资源部	3 100	148	—	—	—	—		
202	胡和平	人力资源部	1 850	88	—	—	—	—		
小计		人力资源部	…	…				0		0.00
			9 050	431						
301	徐文龙	财务部	3 700	176		0		0		0.00
302	王娜	财务部	800	38		0		0		0.00
…		财务部	…	…	…	…	…	…	…	…
小计			17 640	840		0				0.00
401	黄百利	销售部	4 450	212		0		0		0.00
402	徐海	销售部	2 700	129		0	1	20		20.00
…		销售部	…	…	…	…	…	…	…	…
小计			35 350.00	1 683			1	20		20.00
501	马莉	采购部	3 400	162	—	0		0		0.00
502	向伟	采购部	2 800	133			1	20		20.00
…		采购部	…	…	…	…	…	…	…	…
小计			9 660.00	460			1	20		20.00
601	林冰	生产车间	3 600	171	1	171				171.00
602	李好	生产车间	2 200	105						
…		生产车间	…	…	…	…	…	…	…	…
小计			164 700.00		3	500				500.00
合 计			254 700.00	12 129	3	500	2	40		540.00

说明：迟到早退扣款方法为：20 元/次。事假计算基数为基本工资，按每月平均 21 天计算日工资，保留整数。

审核：孙武　　　　　部门负责人：孙武　　　　　制表：刘飞

单据 1-2-54

青岛皓翔科技有限公司工资结算汇总表

2012 年 6 月

编号	部门	基本工资	津贴	奖金	缺勤应扣 事假	缺勤应扣 迟到早退	应付工资	代扣款项 代扣税款	代扣款项 其他代扣	实发工资
1	行政办公室	28 000.00	3 000.00	2 000.00	0.00	0.00	33 000.00	1 450.00		31 550.00
2	人力资源部	15 000.00	1 400.00	700.00	0.00	0.00	17 100.00	690.00		16 410.00
3	财务部	21 000.00	1 900.00	800.00	0.00	0.00	23 700.00	840.00		22 860.00
4	销售部	20 000.00	1 820.00	1 800.00	0.00	20.00	23 600.00	790.00		22 810.00
5	采购部	6 000.00	420.00	1 300.00	0.00	20.00	7 700.00	430.00		7 270.00
6	产品生产人员	155 700.00	2 800.00	25 000.00	500.00	0.00	183 000.00	1 170.00		181 830.00
7	车间管理人员	9 000.00	700.00	2 200.00			11 900.00	480.00		11 420.00
合 计		254 700.00	12 040.00	33 800.00	500.00	40.00	300 000.00	5 850.00	0.00	294 150.00

审核：孙立　　　　　部门负责人：孙立　　　　　制表：李欣

单据 1-2-55

记 账 凭 证

字第　号

年　　月　　日

摘　要	科　目		借 方 金 额										贷 方 金 额										√
	总账科目	明细科目	亿	千	百	十	万	千	百	十	元	角	分	亿	千	百	十	万	千	百	十	元	角	分
合　计																								

附单据　　　张

会计主管：　　　记账：　　　出纳：　　　复核：　　　制单：

（20）2012 年 6 月 30 日，计提职工福利，填写单据 1-2-56。

单据 1-2-56

记 账 凭 证

字第　号

年　　月　　日

摘　要	科　目		借 方 金 额										贷 方 金 额										√
	总账科目	明细科目	亿	千	百	十	万	千	百	十	元	角	分	亿	千	百	十	万	千	百	十	元	角	分
合　计																								

附单据　　　张

会计主管：　　　记账：　　　出纳：　　　复核：　　　制单：

（21）2012 年 6 月 30 日，计提固定资产折旧，如单据 1-2-57 所示。填写单据 1-2-58。

单据 1-2-57

折旧计算表

2012 年 6 月 30 日

使用单位	固定资产类别	月初应计提固定资产原值	月折旧率（%）	月折旧额
基本生产车间	机器设备	360 000	0.83%	
	房屋及建筑物	1 000 000	0.21%	
	小计	1 360 000		
公司管理部门	运输设备	480 000	0.83%	
	办公设备	50 000	0.83%	
	房屋及建筑物	800 000	0.21%	
	小计	1 330 000		
销售机构	房屋及建筑物	200 000	0.21%	
	办公设备	10 000	0.83%	
	小计	210 000		
合　计		2 900 000		

审核：*孙立*　　　　　　　　　　　　　　　　　　制表：*李涛*

单据 1-2-58

记 账 凭 证

字第　号

年　月　日

摘　要	科　目		借 方 金 额											贷 方 金 额											√
	总账科目	明细科目	亿	千	百	十	万	千	百	十	元	角	分	亿	千	百	十	万	千	百	十	元	角	分	
	合　计																								

会计主管：　　　　记账：　　　　　出纳：　　　　　复核：　　　　　制单：

附单据　　张

（22）2012 年 6 月 30 日，分配制造费用，如单据 1-2-59 所示。填写单据 1-2-60。

单据 1-2-59

制造费用分配表

2012 年 6 月 30 日

项目 分配对象	生产工时（实际）	分配率	应分配费用
靓爽牌电吹风	110		
洁净牌吸尘器	90		
合　计	200		

审核：孙立　　　　　　　　　　　　　　　　制单：吴江

单据 1-2-60

记 账 凭 证

字第　号

年　月　日

摘　要	科　目		借 方 金 额											贷 方 金 额											√
	总账科目	明细科目	亿	千	百	十	万	千	百	十	元	角	分	亿	千	百	十	万	千	百	十	元	角	分	
	合　计																								

会计主管：　　　　记账：　　　　　出纳：　　　　　复核：　　　　　制单：

附单据　　张

（23）2012 年 6 月 30 日，计算完工入库产品的成本，如单据 1-2-61 至单据 1-2-63 所示。填写单据 1-2-64。

单据 1-2-61

产品成本计算单

车间名称：　　　　　　　　　　2012 年 6 月 30 日　　　　　　　　完工产量：2 500

成品名称：洁静牌吸尘器　　　　　　　　　　　　　　　　　　　　在产品数量：0

单位：元

项　目	直接材料	直接人工	制造费用	合　计
期初在产品成本	0	0	0	0
本期生产成本				
合　计				
完工产品成本				
单位产品成本				
月末在产品成本				

主管：孙立　　　　　　　　　复核：孙立　　　　　　　　制表：吴江

单据 1-2-62

产品成本计算单

车间名称：　　　　　　　　　　2012 年 6 月 30 日　　　　　　　　完工产量：2 800

成品名称：靓爽牌电吹风　　　　　　　　　　　　　　　　　　　　在产品数量：0

单位：元

项　目	直接材料	直接人工	制造费用	合　计
期初在产品成本	0	0	0	0
本期生产成本				
合　计				
单位产品成本				
完工产品成本				
月末在产品成本				

主管：孙立　　　　　　　　　复核：孙立　　　　　　　　制表：吴江

单据 1-2-63

完工产品成本汇总表

2012 年 6 月 30 日

产品名称 ＼ 项目	直接材料	直接人工	制造费用	完工产品总成本	完工产品产量	单位成本
洁净牌吸尘器	1					
靓爽牌电吹风						
合　计						

审核：孙立　　　　　　记账：孙立　　　　　　　　制单：吴江

记 账 凭 证

字第 号

年 月 日

摘 要	科 目		借 方 金 额	贷 方 金 额	√
	总账科目	明细科目	亿 千 百 十 万 千 百 十 元 角 分	亿 千 百 十 万 千 百 十 元 角 分	
	合 计				

会计主管：   记账：   出纳：   复核：   制单：

附单据 张

（24）2012 年 6 月 30 日，结转已销售产品的成本，如单据 1-2-65 所示。填写单据 1-2-66。

产品销售清单

2013 年 6 月 30 日

产品编号	品牌	型号	数量	单价	金额
D02	靓爽牌电吹风	D0022			
D01	洁净牌吸尘器	X0011			
	合 计				

记 账 凭 证

字第 号

年 月 日

摘 要	科 目		借 方 金 额	贷 方 金 额	√
	总账科目	明细科目	亿 千 百 十 万 千 百 十 元 角 分	亿 千 百 十 万 千 百 十 元 角 分	
	合 计				

会计主管：   记账：   出纳：   复核：   制单：

附单据 张

（25）2012 年 6 月 30 日，计算本月应交纳的城市维护建设税与教育费附加，如单据 1-2-67 所示。填写单据 1-2-68。

单据 1-2-67

应交城建税及教育费附加计算表

2012 年 6 月 30 日

项　目	计 提 基 数				比例	计提金额
	应交增值税	营业税	消费税	合计		列入营业税金及附加
城建税					7%	
教育费附加					3%	
合　计						

审核：孙立　　　　　　　　　　　　　　　　　　制表：韩江

单据 1-2-68

记 账 凭 证

字第　号

年　月　日

摘　要	科　目		借方金额										贷方金额										√
	总账科目	明细科目	亿	千	百	十	万	千	百	十	元	角	分	亿	千	百	十	万	千	百	十	元	角	分	
合　计																								

附单据　张

会计主管：　　　记账：　　　出纳：　　　复核：　　　制单：

（26）结转损益类账户，如单据 1-2-69 所示。填写单据 1-2-70。

单据 1-2-69

损益类账目结转计算表

账户名称	结转前余额	结转前余额	转入本年利润	
	借　方	贷　方	借　方	贷　方
主营业务收入				
其他业务收入				
主营业务成本				
其他业务成本				
营业税金及附加				
销售费用				
管理费用				
财务费用				
资产减值损失				
公允价值变动损益				
投资收益				
营业外收入				
营业外支出				
所得税费用				

审核：孙立　　　　　　　　　　　　　　　　　　制表：张琴

单据 1-2-70

记 账 凭 证

字第　号

年　月　日

摘　要	科　目		借 方 金 额										贷 方 金 额										√
	总账科目	明细科目	亿	千	百	十	万	千	百	十	元	角	分	亿	千	百	十	万	千	百	十	元	角	分	
合　计																									

附单据　　张

会计主管：　　　记账：　　　出纳：　　　复核：　　　制单：

（27）计算 2012 年 6 月所得税费用，如单据 1-2-71 所示。填写单据 1-2-72。

单据 1-2-71

所 得 税 计 算 表

2012 年 6 月

项　目	金　额	备　注
会计利润		
减：不计入应纳税所得的收益		
1．国库券利息收益		
2．分得税后利润收益		
加：不应抵减应纳税所得额支出		
1．罚没款交出		
2．赞助支出		
3．超计税工资支出		
4．超标准业务招待费		
应纳税所得额		
适用税率	25%	
应交所得税		

审核：孙立　　　　　　　　　　　　　　　制表：韩江

单据 1-2-72

记 账 凭 证

字第　号

年　月　日

摘　要	科　目		借 方 金 额										贷 方 金 额										√
	总账科目	明细科目	亿	千	百	十	万	千	百	十	元	角	分	亿	千	百	十	万	千	百	十	元	角	分	
合　计																									

附单据　　张

会计主管：　　　记账：　　　出纳：　　　复核：　　　制单：

知识链接

1. 记账凭证的概念

记账凭证是由企业财会部门根据已审核的原始凭证填制的、载有会计分录并作为记账依据的书面文件。

2. 记账凭证的内容

按照会计核算的要求,通过记账凭证来确定所发生的每项经济业务应登记的账户名称、应借应贷的金额等,因此记账凭证也是用来确定会计分录的一种核算形式。所以,不论采用何种格式,记账凭证都必须具备相同的基本内容。下面对照单据 1-2-73 来分别说明。

单据 1-2-73

记 账 凭 证(1)

年 月 日(2)   记 号(3)

摘 要(4)	总账科目(5)	明细科目	借 方 金 额(6)											贷 方 金 额											记账
---	---	---	亿	千	百	十	万	千	百	十	元	角	分	亿	千	百	十	万	千	百	十	元	角	分	
附单据　　张(7)	合　计																								

会计主管:　　　记账:　　　审核:　　　出纳:　　　制单:　　(8)

（1）所示为记账凭证名称。

（2）所示为记账凭证的填制日期,通常以年、月、日表示。

（3）所示为记账凭证的顺序编号,一般按月编排统一序号。

（4）所示为经济业务的摘要。摘要即摘录其主要内容,对不同的经济业务,摘要文字应有不同的表述方法。

（5）所示为经济业务所涉及的会计科目,包括对应的总账科目和明细科目。

（6）所示为经济业务所涉及的金额。按照借贷记账法的规则,每一项经济业务的发生,其借方金额与贷方金额永远是相等的;每一个总账科目下面的各明细科目金额之和,与总账科目的金额是相等的,而且方向也是一致的。

（7）所示为记账凭证所附原始凭证张数。每一份记账凭证都应附有原始凭证。

（8）所示为有关责任人的签名或者盖章,包括制单、审核（或复核）、记账、会计主管等。

3. 记账凭证的填制要求

（1）审核原始凭证。

对经济业务发生后取得或填制的原始凭证进行认真严格的检查、审核,经确认其内容真实、准确无误后，方可依此填制相应的记账凭证。记账凭证可以根据每一张原始凭证填制，或者根据若干张同类原始凭证汇总填制，也可以根据原始凭证汇总表填制。不得将不同内容和类别的原始凭证汇总填制在一张记账凭证上。

（2）填写记账凭证的日期。

填写日期一般是会计人员填制记账凭证的当天日期，也可以根据管理需要，填写经济业务发生的日期或月末日期。

（3）填写记账凭证编号。

记账凭证必须按月连续编号，以便于记账、查账，防止散落、丢失。记账凭证应分月份按自然数1、2、3、4、5…顺序连续编号，1张记账凭证编1个号，不得跳号或重号。如果一项经济业务需要填制两张或两张以上记账凭证时，可以采用"分数编号法"编号。月末，在最后一张记账凭证的编号旁边，注明"全"，表示本月填制的记账凭证到此全部结束。

（4）填写记账凭证的内容摘要。

记账凭证的摘要栏是用来简要填写经济业务内容的。填写摘要的要求：一是真实准确，其内容要与经济业务的内容和所附原始凭证的内容相符；二是简明扼要，对经济业务内容的表述要准确、概括并书写工整；三是完整清楚，对一项经济业务涉及两个以上（不包括两个）一级会计科目的，一般应根据经济业务和各个会计科目的特点分别填写。

（5）填写会计科目和编制会计分录。

对原始凭证的内容进行归类，正确填写所涉及的会计科目（包括总账科目、子目或细目），会计科目应写全称。账户的对应关系要填写清楚，不能把不同内容、不同类型的经济业务合并，编制一组会计分录，填制在一张凭证上，这样会造成经济业务的具体内容不清楚，容易造成账簿记录的错误，给记账、算账带来困难。

（6）填写金额栏数字。

记账凭证的金额必须与原始凭证的金额相符。在填写金额数字时，阿拉伯数字书写要规范，行次、栏次的内容要对应明确，金额数字要填写至"分"位。如果"角"位、"分"位没有数字，则要写"00"字样。每一项经济业务填入金额数字后，要在记账凭证的合计行上填写合计金额，并在合计金额前标明人民币符号"¥"，而且，合计金额要计算准确并保持借方与贷方之间的平衡，不是合计金额，不需填写人民币符号。

（7）注销记账凭证中空行。

记账凭证填制经济业务事项后，如有空行，应自金额栏最后一笔金额数字下的空行处至合计数上的空行处画斜线或一条"S"形线表示注销。要注意斜线两端都不能画到金额数字的行次上。

（8）注明所附原始凭证的件（张）数。

在记账凭证上，必须注明所附原始凭证件（张）数，并将有关原始凭证整理后，附在该记账凭证后面表明一项经济业务发生后所涉及的、填制的全部会计凭证。除结账和更正错误的记账凭证可以不附原始凭证之外，其他记账凭证必须附有原始凭证。

任务拓展

青岛皓翔科技有限公司 2012 年 7 月记账凭证填制。

任务评价

表 1-2-1 　　　　　　　　　　　　任务评价表

评价项目		评价内容	自评	组长评分	教师评分
工作任务完成情况（30%）					
组织能力（10%）					
工作质量及效率（10%）					
工作能力（20%）	处理能力（10%）				
	专业技能（10%）				
沟通协调（10%）					
工作态度与责任感（10%）					
工作勤惰与纪律性（10%）					

任务二　明细账的登记

情境导入

在会计工作中要进行明细账登记，你知道明细账有几种吗？应该如何对如单据 1-2-74 所示的明细账进行登记呢？

单据 1-2-74 　　　　　　　　　　**应付账款明细账**

明细科目：

2008 年		凭证		摘　要	借　方									贷　方									借或贷	余　额									√
月	日	种类	号数		千	百	十	万	千	百	十	元	角	分	千	百	十	万	千	百	十	元	角	分		千	百	十	万	千	百	十	元	角	分	

任务准备

请同学们思考：账簿的记账规则有哪些？

任务清单

登记明细账。

任务实施

1. 训练目的

通过本训练，学生能够熟练准确地登记明细账。

2. 训练内容

明细账的登记。

3. 训练资料

结合期初余额（见表 1-2-2），根据收料单、增值税专用发票，以及 2013 年 1 月由会计填制的记账凭证等（见单据 1-2-75 至单据 1-2-78），登记明细账（见单据 1-2-79）。

表 1-2-2

期初余额表

账户名称		数　量	计量单位	单　价	金　额	
总账	明细账				总　账	明细账
原材料					18 000	
	甲材料	400	千克	20		8 000
	乙材料	1 000	千克	10		10 000

单据 1-2-75

中国工商银行

转账支票存根

支票号码：2265873

科　　目：

对方科目：

签发日期：*2013 年 1 月 9 日*

收款人：永兴公司
金　额：¥81 900.00
用　途：购材料
备　注：
复核　　　　　会计记账

单据 1-2-76

收 料 单

2013 年 1 月 9 日

发票号码：　　　　　　　　　　　　　　　　　　　　材料类别：原材料
材料仓库：3

材料编号	材料名称（规格）	计量单位	数量		实际成本			合计								
			应收	实收	单价	价格	运杂费	百	十	万	千	百	十	元	角	分
	甲材料	千克	2 000	2 000	20	40 000										
	乙材料	千克	3 000	3 000	10	30 000			4	0	0	0	0	0	0
	合计								3	0	0	0	0	0	0
									7	0	0	0	0	0	0

备　注：　　　　　　　　　　　　　　　　附单据 1 张

核算：（印）　　　主管：（印）　　　保管：（印）　　　检验：（印）　　　交库：（印）

单据 1-2-77

增值税专用发票

抵扣联

开票日期：2013 年 1 月 9 日　　　　　　　　　　　　　　　　No：02245825

购货单位	名　称	皓翔科技公司	纳税人登记号	№12265786								
	地址电话	3758659	开户银行及账号	工商银行二七区支行 83852658								

货物或应税劳务名称	计量单位	数量	单价	金额									税率（%）	税额							
				百	十	万	千	百	十	元	角	分		百	十	万	千	百	十	元	角	分
甲材料	千克	2 000	20	¥	4	0	0	0	0	0	0		17		¥	6	8	0	0	0	0
乙材料	千克	3 000	10	¥	3	0	0	0	0	0	0		17		¥	5	1	0	0	0	0
合计				¥	7	0	0	0	0	0	0			¥		1	1	9	0	0	0	0

价税合计（大写）　　捌万壹仟玖佰元整　　　　　　¥81 900.00

销货单位	名　称	永兴公司	纳税人登记号	№12611217
	地址电话	9146278	开户银行及账号	工商银行二七区支行 83857256
	备　注			

收款人：方明　　　　　　　　　　开票单位：（未盖章无效）永兴公司财务章

第三联：抵扣联　购货方扣税

单据 1-2-78

记 账 凭 证

字第　号

2013 年 1 月 9 日

摘　要	科　目		借方金额										贷方金额										√
	总账科目	明细科目	亿	千	百	十	万	千	百	十	元	角	分	亿	千	百	十	万	千	百	十	元	角	分
购入原材料	原材料	甲材料				4	0	0	0	0	0	0												
		乙材料				3	0	0	0	0	0	0												
	应交税费	应交增值税（进项）				1	1	9	0	0	0	0												
	银行存款															8	1	9	0	0	0	0	
合　计				¥	8	1	9	0	0	0	0	0		¥	8	1	9	0	0	0	0	0	

附单据　张

会计主管：　　　记账：　　　出纳：　　　复核：　　　制单：

单据 1-2-79

材 料 明 细 账

总页_____ 分页_____

制类_____ 编号_____

规格_____ 名称_____

_____ _____ 存货地点_____ 计算单位_____ 编制单位_____

年		凭证		摘要	收　入												发　出												结　存												
月	日	类别	参数		数量	单价	金　额										数量	单价	金　额										数量	单价	金　额									
							千	百	十	万	千	百	十	元	角	分			千	百	十	万	千	百	十	元	角	分			千	百	十	万	千	百	十	元	角	分

知识链接

1. 明细账的定义、作用、种类

（1）定义。明细分类账簿亦称明细账，是根据各单位的实际需要，按照总分类科目的二级科目或三级科目分类设置并登记全部经济业务的会计账簿。

（2）作用。能够为会计报表的编制，提供反映某一类经济业务详细情况的资料，并对其所隶属总账起补充和说明作用。

（3）种类。根据经济管理的需要和各明细分类账记录内容的不同，明细账可以采用三栏式、多栏式和数量金额式这三种格式。

2. 各种明细账结构及登记方法

（1）三栏式明细账。

账页结构：三栏式明细账（见单据 1-2-80）在账页中设有借方、贷方和余额三个金额栏。为区别总分类账中的三栏式，在实际工作中，将明细账中的三栏式称为"甲式账"。

登记方法：三栏式明细账是根据记账凭证，按经济业务发生的顺序逐日逐笔进行登记的。其他各栏目的登记方法与三栏式总账相同。

（2）数量金额式明细账

账页结构：数量金额式明细账（见单据 1-2-81）的账页，设有入库、出库和结存三大栏次，并在每一大栏下设有数量、单价和金额三个小栏目。由于在明细账中有了"甲式账"，在实际工作中将数量金额式明细账称为"乙式账"。

登记方法：数量金额式明细账一般是由会计人员和业务人员（如仓库保管员），根据原始凭证按照经济业务发生的时间先后顺序逐日逐笔进行登记。数量金额式明细账的具体登记方法如下。

三栏式账页

单据 1-2-80

<u>应收账款——A 工厂明细账</u>

账号		总	
页次		页	

年		凭证		摘　要	日期	借　方										贷　方										借或贷	余　额									
月	日	种类	号数			百	十	万	千	百	十	元	角	分	百	十	万	千	百	十	元	角	分		百	十	万	千	百	十	元	角	分

数量金额式

单据 1-2-81

存 货 明 细 账

品名：　　　　规格：　　　　等级：　　　　单位：　　　　　　　　　　第　　页

登记根据			摘要	存　入		金　额								发　出		金　额								结　存		金　额								检查	
20　年				数量	单价	十	万	千	百	十	元	角	分	数量	单价	十	万	千	百	十	元	角	分	数量	单价	十	万	千	百	十	元	角	分	日期	检查人签章
月	日	单号																																	

①　凭证的字和号栏：填写按所依据的原始凭证的字和号进行。例如，收料单的"收"字、领料单的"领"字、产成品入库单的"入"字和出库单的"出"字。

②　三个数量栏：填写实际入、出库和结存的财产物资的数量。

③　入库单价栏和金额栏按照所入库材料的单位成本登记。

④　出库栏和结存栏中的单价栏和金额栏，登记时间及登记金额取决于企业所采用的期末存货计价方法。在采用月末一次加权平均法下，出库和结存的单价栏和金额栏一个月只在月末登记一次。

（3）多栏式明细账。

多栏式明细账（见单据 1-2-82）是根据经济业务的特点和经营管理的需要，在一张账页上按有关子目或细目分设若干栏目，以集中反映各有关明细科目的核算资料。按照明细账所记经济业务的特点不同，多栏式明细账可以采用借方多栏式、贷方多栏式和借贷方多栏式三种格式。

①　借方多栏式明细账。

账页结构：该账是在账页中设置借方、贷方和余额三个金额栏，并直接在借方栏再按明细项目分设若干专栏，也可对借方栏再单独开设借方金额分析栏并在栏内按照明细项目分设若干专栏。

多栏式账页

单据 1-2-82

管理费用　明细账

户名：   第　号

2007 年		凭证字号	摘　要	借　方						合计
月	日			职工薪酬	折旧费	办公费	差旅费	水电费	其他	

适用范围：它适用于借方需设置多个明细项目的成本、费用类账户的明细分类核算。例如"物资采购"、"生产成本"、"管理费用"等明细账。

登记方法：依据记账凭证顺序逐笔逐日地登记。各明细项目的贷方发生额因其未设置贷方专栏，则用"红字"登记在借方栏及明细项目专栏内，以表示对该项目金额的冲销或转出。

② 贷方多栏式明细账。

账页结构：该账是在账页中设置借方、贷方和余额三个金额栏，并直接在贷方栏再按明细项目分设若干专栏，也可对贷方栏再单独开设贷方金额分析栏并在栏内按照明细项目分设若干专栏。

适用范围：它适用于贷方需设多个明细项目的收入、资本类账户的明细分类核算。如"主营业务收入"、"营业外收入"等明细账。

任务拓展

登记 2012 年 6 月皓翔科技有限公司应收账款的明细账。

任务评价

表 1-2-3   任务评价表

评价项目		评价内容	自评	组长评分	教师评分
工作任务完成情况（30%）					
组织能力（10%）					
工作质量及效率（10%）					
工作能力（20%）	处理能力（10%）				
	专业技能（10%）				
沟通协调（10%）					
工作态度与责任感（10%）					
工作勤惰与纪律性（10%）					

情境岗位三
主 管

任务一 总账的登记

📢 **情境导入**

同学们，你们知道单据 1-3-1 所示的银行存款总账是如何登记出来的吗？它有什么用途吗？

单据 1-3-1

银 行 存 款

第 51 号

2013年		凭证		摘 要	借 方	✓	贷 方	✓	借或贷	余 额	✓
月	日	字	号		亿千百十万千百十元角分		亿千百十万千百十元角分			亿千百十万千百十元角分	
9	1			期初余额					借	6 0 0 0 0 0 0 0	
	2	收	1	短期借款	1 2 0 0 0 0 0 0 0				借	1 8 0 0 0 0 0 0 0	
	3	付	3	偿还短期借款			3 6 0 0 0 0 0 0		借	1 4 4 0 0 0 0 0 0	
	1	付	6	支付管理费用			6 0 0 0 0 0 0		借	8 4 0 0 0 0 0 0	
	13	收	9	收到货款	1 2 0 0 0 0 0 0				借	9 6 0 0 0 0 0 0	
	18	付	13	支付工资			1 8 0 0 0 0 0 0		借	7 8 0 0 0 0 0 0	
	25	付	15	支付广告费			7 0 0 0 0 0 0		借	7 1 0 0 0 0 0 0	
	29	付	18	购买材料			2 0 0 0 0 0 0 0		借	5 1 0 0 0 0 0 0	
	30	收	20	收到货款	3 3 0 0 0 0 0 0				借	8 4 0 0 0 0 0 0	
	30			本月合计	1 6 5 0 0 0 0 0 0		1 4 1 0 0 0 0 0 0		借	8 4 0 0 0 0 0 0	

任务准备

请思考和讨论如下问题：

1. 总分类账簿在启用时应注意什么？
2. 总分类账簿有哪些登记规则？
3. 错账更正方法有哪几种？各自的使用范围是什么？
4. 期末如何进行结账？

任务清单

1. 登记总分类账。
2. 月末结账。
3. 正确进行错账更正

任务实施

1. 训练目的

通过本训练，能够熟练准确地根据已填制并审核的记账凭证登记总分类账，完成记账的过程，并能进行期末结账。

2. 训练内容

总分类账的登记。

3. 训练资料

要求：依据给出的期初余额表（见图 1-3-1）及收款凭证、付款凭证、转账凭证（见单据 1-3-2 至单据 1-3-16）登记总分类账（见单据 1-3-17）。

青岛皓翔科技有限公司 2011 年 9 月库存现金及累计折旧期末余额如图 1-3-1 所示。

账户名称	金额	账户名称	金额
库存现金	1 000	累计折旧	8 500

图 1-3-1 期末余额表

单据 1-3-2

付 款 凭 证

贷方科目 银行贷款 　　　　　2011 年 10 月 2 日 　　　　　付 字第 01 号

摘　　要	借方总账科目	明细科目	√	金　额										附单据
				千	百	十	万	千	百	十	元	角	分	
购买材料	原材料	A 材料					6	0	0	0	0	0	0	
	应交税费	应交增值税（进项税额）					1	0	2	0	0	0	0	
														张
合　　计						¥	7	0	2	0	0	0	0	

财务主管：　　　　　记账：　　　　　出纳：　　　　　审核：　　　　　制单：

单据1-3-3

付 款 凭 证

贷方科目 <u>银行贷款</u>　　　　　　　　2011 年 10 月 10 日　　　　　　　　付 字第 02 号

摘　　要	借方总账科目	明细科目	√	金　　额										附单据
				千	百	十	万	千	百	十	元	角	分	
还款	应付账款	东方公司				5	8	5	0	0	0	0	0	
														张
合　　计						¥	5	8	5	0	0	0	0	0

财务主管　　　　　　记账　　　　　　出纳　　　　　　审核　　　　　　制单

单据1-3-4

付 款 凭 证

贷方科目 <u>存款现金</u>　　　　　　　2011 年 10 月 13 日　　　　　　　　付 字第 03 号

摘　　要	借方总账科目	明细科目	√	金　　额										附单据
				千	百	十	万	千	百	十	元	角	分	
预借差旅费	其他应收款	刘力							8	0	0	0	0	
														张
合　　计								¥	8	0	0	0	0	

财务主管　　　　　　记账　　　　　　出纳　　　　　　审核　　　　　　制单

单据1-3-5

付 款 凭 证

贷方科目 <u>银行存款</u>　　　　　　　2011 年 10 月 15 日　　　　　　　　付 字第 04 号

摘　　要	借方总账科目	明细科目	√	金　　额										附单据
				千	百	十	万	千	百	十	元	角	分	
提现	库存现金					4	0	0	0	0	0	0		
														张
合　　计					¥	4	0	0	0	0	0	0		

财务主管　　　　　　记账　　　　　　出纳　　　　　　审核　　　　　　制单

单据 1-3-6

转 账 凭 证

2011 年 10 月 15 日 转 字第 01 1/2 号

摘 要	总账科目	明细科目	✓	借方金额 千	百	十	万	千	百	十	元	角	分	✓	贷方金额 千	百	十	万	千	百	十	元	角	分
领料	生产成本	甲产品				1	7	0	0	0	0	0												
	制造费用						4	5	0	0	0	0												
	原材料	A 材料																	8	0	0	0	0	0
		C 材料																1	3	5	0	0	0	0
合 计						¥	2	1	5	0	0	0	0				¥	2	1	5	0	0	0	0

财务主管　　　　　记账　　　　　出纳　　　　　审核　　　　　制单

附单据　张

单据 1-3-7

转 账 凭 证

2011 年 10 月 15 日 转 字第 01 2/2 号

摘 要	总账科目	明细科目	✓	借方金额 千	百	十	万	千	百	十	元	角	分	✓	贷方金额 千	百	十	万	千	百	十	元	角	分
领料	管理费用							3	0	0	0	0	0											
	原材料	D 材料																		3	0	0	0	0	0
合 计								¥	3	0	0	0	0	0						¥	3	0	0	0	0	0

财务主管　　　　　记账　　　　　出纳　　　　　审核　　　　　制单

附单据　张

单据 1-3-8

收 款 凭 证

借方科目 银行存款　　　　　2011 年 10 月 18 日　　　　　收 字第 01 号

摘 要	贷方总账科目	明细科目	✓	金 额 千	百	十	万	千	百	十	元	角	分
销售商品	主营业务收入	甲产品				4	0	0	0	0	0	0	
	应交税费	应交增值税(销)					6	8	0	0	0	0	
合 计					¥	4	6	8	0	0	0	0	

财务主管　　　　　记账　　　　　出纳　　　　　审核　　　　　制单

附单据　张

单据 1-3-9

付 款 凭 证

贷方科目 <u>银行存款</u>　　　　　　　*2011* 年 *10* 月 *23* 日　　　　　　付 字第 05 号

摘　要	借方总账科目	明细科目	√	金　额									
				千	百	十	万	千	百	十	元	角	分
交所得税	应交税费	应交所得税					6	3	0	0	0	0	0
合　计						¥	6	3	0	0	0	0	0

附单据　　张

财务主管　　　　　记账　　　　　出纳　　　　　审核　　　　　制单

单据 1-3-10

付 款 凭 证

贷方科目 <u>银行存款</u>　　　　　　　*2011* 年 *10* 月 *25* 日　　　　　　付 字第 06 号

摘　要	借方总账科目	明细科目	√	金　额									
				千	百	十	万	千	百	十	元	角	分
捐款	营业外支出	公益性捐赠						5	0	0	0	0	0
合　计							¥	5	0	0	0	0	0

附单据　　张

财务主管　　　　　记账　　　　　出纳　　　　　审核　　　　　制单

单据 1-3-11

付 款 凭 证

贷方科目 <u>银行存款</u>　　　　　　　*2011* 年 *10* 月 *28* 日　　　　　　付 字第 07 号

摘　要	借方总账科目	明细科目	√	金　额									
				千	百	十	万	千	百	十	元	角	分
罚款	营业外支出	罚款支出						1	0	0	0	0	0
合　计							¥	1	0	0	0	0	0

附单据　　张

财务主管　　　　　记账　　　　　出纳　　　　　审核　　　　　制单

转 账 凭 证

2011 年 10 月 30 日　　　　　　　　　　转 字第 02 号

摘　要	总账科目	明细科目	√	借方金额 千百十万千百十元角分	√	贷方金额 千百十万千百十元角分
结转应付账款	应付账款			2000000		
	营业外收入					2000000
合　计				¥2000000		¥2000000

财务主管　　　　　记账　　　　　出纳　　　　　审核　　　　　制单

收 款 凭 证

借方科目 银行存款　　　　　2011 年 10 月 30 日　　　　　　收 字第 02 号

摘　要	借方总账科目	明细科目	√	金额 千百十万千百十元角分
投资利润	投资收益			12000000
合　计				¥12000000

财务主管　　　　　记账　　　　　出纳　　　　　审核　　　　　制单

转 账 凭 证

2011 年 10 月 31 日　　　　　　　　　　转 字第 03 号

摘　要	总账科目	明细科目	√	借方金额 千百十万千百十元角分	√	贷方金额 千百十万千百十元角分
结转销售成本	主营业务成本			3000000		
	库存商品	甲产品				3000000
合　计				¥3000000		¥3000000

财务主管　　　　　记账　　　　　出纳　　　　　审核　　　　　制单

单据 1-3-15

转 账 凭 证

2011 年 10 月 31 日　　　　　　　转 字第 04 号

摘 要	总账科目	明细科目	√	借方金额 千百十万千百十元角分	√	贷方金额 千百十万千百十元角分	附单据
结转收入类	营业外收入			2 0 0 0 0 0 0			附单据张
	主营业务收入	甲产品		4 0 0 0 0 0 0			
	投资收益			1 2 0 0 0 0 0			
	本年利润					1 8 0 0 0 0 0 0	
合　计				¥ 1 8 0 0 0 0 0 0		¥ 1 8 0 0 0 0 0 0	

财务主管　　　　记账　　　　　　出纳　　　　审核　　　　制单

单据 1-3-16

转 账 凭 证

2011 年 10 月 31 日　　　　　　　转 字第 05 号

摘 要	总账科目	明细科目	√	借方金额 千百十万千百十元角分	√	贷方金额 千百十万千百十元角分	附单据
结转费用类	本年利润			9 3 0 0 0 0 0			附单据张
	营业外支出	公益性捐赠				5 0 0 0 0 0 0	
		罚款支出				1 0 0 0 0 0 0	
	管理费用					3 0 0 0 0 0	
	主营业务成本	甲产品				3 0 0 0 0 0 0	
合　计				¥ 9 3 0 0 0 0 0		¥ 9 3 0 0 0 0 0	

财务主管　　　　记账　　　　　　出纳　　　　审核　　　　制单

单据 1-3-17

总 分 类 账

年 月 日	凭证号	摘要	借方 十万千百十元角分	贷方 十万千百十元角分	核对或借或贷	余额 十万千百十元角分

📖 知识链接

1. 会计账薄的启用

（1）设置封面与封底。

（2）填写账簿经管人员一览表。

（3）填写账户目录。

（4）粘贴印花税票。

账簿启用表如单据 1-3-18 所示。

单据 1-3-18

账簿启用表

单位名称		单位公章	
账簿编号	字第　　号第　　册共　　册		
账簿页数	本账簿共计　　页　　号		
启用日期	年　　月　　日		

经管人员		接管			移交			会计负责人		备注
姓　名	盖章	年	月	日	年	月	日	姓　名	盖章	
印花税票粘贴处										

2. 错账更正

错账更正的方法及适用范围如表 1-3-1 所示。

表 1-3-1 　　　　　　　　　　　　**错账更正的方法及适用范围**

错账更正方法	适 用 范 围
划线更正法	记账凭证正确，账簿错误
红字冲销法	1. 记账凭证中会计科目错误，造成账簿错误 2. 记账凭证中金额多记，造成账簿错误
补充登记法	记账凭证中金额少记，造成账簿错误

3. 结账的处理

（1）月度结账。在最后一笔经济业务的记载下面画一条通栏红线，在红线下面的一行"摘要"栏内注明"本月合计"或"本期发生额及期末余额"，在"借方"、"贷方"、"余额"三栏分别计算出本月借方发生额合计、贷方发生额合计和结余数额，然后再此行下面再画一条通栏红线，表明本期结算完毕。

（2）季度结账。在每季度最后一个月的月度结账的下一行"摘要"栏注明"本季度累计"或"本季度发生额及期末余额"，在"借方"、"贷方"、"余额"三栏分别计算出本季度三个月的借方、贷方发生额合计数及季末余额，然后再此行下面画一条通栏红线，表明本季度结账完毕。

（3）年度结账。在本年最后一个季度的季度结账的下一行"摘要"栏注明"本年累计"或"本年发生额及年末余额"，在"借方"、"贷方"、"余额"三栏，分别填入本年度借方发生额合计、贷方发生额合计、年末余额，然后再此行下面画两条通栏红线，表明全年经济业务的登账工作至此全部结束。

任务拓展

根据上述 2011 年 10 月的记账凭证，结合期初余额（见表 1-3-2），完成其余总账的登记工作（见单据 1-3-19）。

表1-3-2　　　　　　　　　　　　**期初余额表**

账户名称	金　额	账户名称	金　额
银行存款	21 000	短期借款	25 000
原材料	5 000	长期借款	70 900
库存商品	3 000	应付账款	8 200
生产成本	1 200		
应收账款	1 000	实收资本	100 000
其他应收款	1 200	本年利润	7 100
固定资产	180 000		
利润分配	6 300		
合计	219 700	合计	219 700

单据1-3-19　　　　　　　　　　**总 分 类 账**

会计科目：

年		凭证号	摘要	借　方									贷　方									核对号	借或贷	余　额								
月	日			十	万	千	百	十	元	角	分	十	万	千	百	十	元	角	分			十	万	千	百	十	元	角	分

任务评价

表1-3-3　　　　　　　　　　　　**任务评价表**

评价项目		评价内容	自评	组长评分	教师评分
工作任务完成情况（30%）					
组织能力（10%）					
工作质量及效率（10%）					
工作能力（20%）	处理能力（10%）				
	专业技能（10%）				
沟通协调（10%）					
工作态度与责任感（10%）					
工作勤惰与纪律性（10%）					

任务二　资产负债表的编制

情境导入

同学们，你们知道表1-3-4和表1-3-5这两张报表是如何登记出来的吗？它们有什么用途吗？

表 1-3-4

资产负债表

编制单位：青岛皓翔科技有限公司 2011 年 1 月 31 日　　　　　　　　　　　　　　　　单位：元

项　目	金　额	项　目	金　额
资产		负债和所有者权益	
流动资产		流动负债：	
货币资金	67 000	短期借款	10 000
应收票据	60 000	应付账款	150 000
应收账款	125 000	预收账款	60 000
预付账款	50 000	应付工资	−4 000
存货	215 000	应交税金	13 000
待摊费用	2 000	预提费用	0
流动资产合计	519 000	一年内到期的长期负债	30 000
固定资产		流动负债合计	259 000
固定资产原价	800 000	长期负债：	
减：累计折旧	300 000	长期借款	50 000
固定资产净值	500 000	负债合计	309 000
在建工程	40 000	所有者权益：	
固定资产合计	540 000	实收资本	500 000
无形资产及其他资产；		盈余公积	200 000
无形资产	150 000	未分配利润	200 000
无形资产及其他资产合计	150 000	所有者权益合计	900 000
资产总计	1209 000	负债及所有者权益总计	1 209 000

表 1-3-5

利 润 表

编制单位：青岛皓翔科技有限公司 2011 年 1 月　　　　　　　　　　　　　　　　单位：元

项　目	本 期 金 额	上 期 金 额
一、营业收入	190 000	
减：营业成本	116 000	
营业税金及附加	1 105	
销售费用	3 000	
管理费用	19 365	
财务费用	2 100	
加：投资收益	15 000	
二：营业利润	63 430	
加：营业外收入	50 000	
减：营业外支出	25 000	
三：利润总额	88 430	
减：所得税费用	22 107.5	
四：净利润	66 322.5	

任务准备

请同学们思考和讨论如下问题：

1. 资产负债表及利润表的编制依据及基本结构是什么？

2. 资产负债表中期末余额是如何进行计算的？

任务清单

资产负债表和利润表的编制。

任务实施

1. 训练目的

通过本训练，学生能够熟练准确地根据已填制的总分类账计算填制资产负债表、利润表，完成报表编制工作。

2. 训练资料

要求：依据任务一登记的总分类账计算填制资产负债表及利润表（见表 1-3-6 和表 1-3-7）。

表 1-3-6

资 产 负 债 表

会商 01 表

资产负债表续表： 年 月 日 单位：元

资产	行次	年初数	期末数	负债及所有者权益	行次	年初数	期末数
长期投资：				长期负债：			
长期投资：	21			长期借款	66		
固定资产：				应付债券	67		
固定资产原价	24			长期应付款	68		
减：累计折旧	25			其他长期负债	75		
固定资产净值	26			长期负债合计	76		
固定资产清理	27						
在建工程	28						
待处理固定资产净损失	29			所有者权益：			
固定资产合计	35			实收资产	78		
无形及递延资产：				资本公积	79		
无形资产	36			盈余公积	80		
递延资产	37			未分配利润	81		
无形及递延资产合计	40			所有者权益合计	85		
其他长期资产：							
其他长期资产	41						
资产总计	45			负债及所有者权益总计	90		

补充资料：1、已贴现的商业承兑汇票_____元； 2、融资租入固定资产原价_____元；

3、库存商品期末余额_____元； 4、商品削价准备期末余额_____元。

表 1-3-7

利润表

编制单位：   20 年 月   单位：元

项　　目	本 期 金 额	上 期 金 额
一、营业收入		
减：营业成本		
营业税金及附加		
销售费用		
管理费用		
财务费用		
加：投资收益		
二：营业利润		
加：营业外收入		
减：营业外支出		
三：利润总额		
减：所得税费用		
四：净利润		

知识链接

在编制资产负债表时有如下要点。

1. 直接填列的项目

根据有关账户余额直接填列到资产负债表中的有关项目中，包括："应付职工薪酬"、"应交税费"、"应付股利"、"长期借款"、"应付债券"、"实收资本"、"资本公积"、"盈余公积"等项目。

2. 分析计算填列的项目

（1）"货币资金"项目。根据"库存现金"、"银行存款"、"其他货币资金"账户的期末余额合计数填列。

（2）"存货"项目。根据"原材料"、"库存商品"、"在途物资"、"周转材料"、"生产成本"、"委托加工物资"等账户的期末余额合计数填列。

（3）"应收账款"项目。根据"应收账款"、"预收账款"的借方余额合计数与"坏账准备"的差额填列。

（4）"预收账款"项目。根据"应收账款"及"预收账款"账户的贷方余额的合计数填列。

（5）"应付账款"项目。根据"应付账款"及"预付账款"账户的贷方余额的合计数填列。

（6）"预付账款"项目。根据"应付账款"及"预付账款"账户的借方余额的合计数填列。

（7）"固定资产"项目。反映企业固定资产的净额，根据"固定资产"、"累计折旧"和"固定资产减值准备"账户的余额计算填列。

（8）"未分配利润"项目。反映企业尚未分配的利润，应根据"本年利润"和"利润分配"账户的余额计算填列。年终时，可根据"利润分配"账户的贷方余额直接填列。

任务拓展

根据利润表完成下列公式：

营业收入=

营业利润=

利润总额=

所得税费用=

净利润=

任务评价

表 1-3-8　　　　　　　　　　　任务评价表

评价项目		评价内容	自评	组长评分	教师评分
工作任务完成情况（30%）					
组织能力（10%）					
工作质量及效率（10%）					
工作能力（20%）	处理能力（10%）				
	专业技能（10%）				
沟通协调（10%）					
工作态度与责任感（10%）					
工作勤惰与纪律性（10%）					

任务三　纳税申报

情境导入

同学们，你们知道单据 1-3-20 所示的增值税纳税申报表是如何填制的吗？它的具体填制方法又是什么？

增值税纳税申报表

（适用于增值税一般纳税人）

根据《中华人民共和国增值税暂行条例》第二十二条和第二十三条的规定制定本表。纳税人不论有无销售额，均应按主管税务机关核定的纳税期限按期填报本表，并于次月一日起十日内，向当地税务机关申报。

税款所属时间：　　　　　　　填表日期：　　　　　　金额单位：元（至角分）

纳税人识别号：

纳税人名称		法定代表人姓名			营业地址	
开户银行及账号			企业登记注册类型		电话号码	

项　目		栏次	一般货物及劳务		即征即退货物及劳务	
			本月数	本年累计	本月数	本年累计
销售额	（一）按适用税率征税货物及劳务销售额	1				
	其中：应税货物销售额	2				
	应税劳务销售额	3				
	纳税检查调整的销售额	4				
	（二）按简易征收办法征税货物销售额	5				
	其中：纳税检查调整的销售额	6				
	（三）免、抵、退办法出口货物销售额	7			—	—
	（四）免税货物及劳务销售额	8			—	—
	其中：免税货物销售额	9			—	—
	免税劳务销售额	10			—	—
税款计算	销项税额	11				
	进项税额	12				
	上期留抵税额	13		—		—
	进项税额转出	14				
	免抵退货物应退税额	15				
	按适用税率计算的纳税检查应补缴税额	16				
	应抵扣税额合计	17=12+13-14-15+16			—	—
	实际抵扣税额	18（如 17<11，则为 17，否则为 11）				
	应纳税额	19=11-18				
	期末留抵税额	20=17-18		—		—
	简易征收办法计算的应纳税额	21				
	按简易征收办法计算的纳税检查应补缴税额	22			—	—
	应纳税额减征额	23				
	应纳税额合计	24=19+21-23				
税款缴纳	期初未缴税额（多缴为负数）	25				
	实收出口开具专用缴款书退税额	26			—	—

续表

项　目		栏次	一般货物及劳务		即征即退货物及劳务	
			本月数	本年累计	本月数	本年累计
税款缴纳	本期已缴税额	27=28+29+30+31				
	① 分次预缴税额	28		—	—	—
	② 出口开具专用缴款书预缴税额	29		—	—	—
	③ 本期缴纳上期应纳税额	30				
	④ 本期缴纳欠缴税额	31				
	期末未缴税额（多缴为负数）	32=24+25+26-27				
	其中：欠缴税额（≥0）	33=25+26-27		—		—
	本期应补（退）税额	34=24-28-29				
	即征即退实际退税额	35	—	—		
	期初未缴查补税额	36				
	本期入库查补税额	37		—		—
	期末未缴查补税额	38=16+22+36-37		—		—
授权声明	如果你已委托代理人申报，请填写下列资料：					
	为代理一切税务事宜，现授权		此纳税申报表是根据《中华人民共和国增值税暂行条例》的规定填报的，			
	（地址）为本纳税人的代理申报人，					
	任何与本申报表有关的往来文件，都可寄予此人。		我相信它是真实的、可靠的、完整的。			
	授权人签字：		声明人签字：			

以下由税务机关填写：

任务准备

请同学们思考：纳税申报表的填制规则有哪些？

任务清单

增值税纳税申报表的填制。

任务实施

1. 训练目的

通过本训练，学生能够熟练准确地登记现金日记账，并做到日清月结。

2. 训练资料

说明：2011 年 10 月 1 日，根据相关资料（见单据 1-3-21 至单据 1-3-23）编制本公司 2011

年 10 月的增值税申报表和附列资料以及固定资产进项税额抵扣情况表（见单据 1-3-24 至单据 1-3-27，表中未发生项目可不填，零申报表应填写"0"）。公司为增值税一般纳税人，增值税率为 17%。本月没有固定资产购入业务，未提供应税劳务，也无进出口商业活动和进项税转出等特殊情况。本年初没有未缴的增值税，本月尚未缴纳任何增值税款项。该公司增值税申报按照税务局要求，采用防伪税控系统申报。

单据 1-3-21

企业网上认证结果清单
（认证相符）

认证日期：2011-10-1　　　　　　　　　　　　　　　　金额：税额单位：元

企业名称：青岛皓翔公司　　　　　　税号：570104456781278

序号	发票代码	号码	购方税号	销方税号	开票日期	金额	税额	次数
1	5000122140	02243715	570104456781278	500108666441291	2013-1-6	68376.07	11623.93	1
2	5000123140	05333366	570104456781278	510700727477010	2013-1-10	42735.04	7264.96	1
3	5000122140	05573648	570104456781278	510700905402186	2013-1-12	34188.03	5811.97	1
4	5000123140	04944400	570104456781278	510790786691391	2013-1-25	69426.27	11802.46	1

份数：4　　214725.41　　36503.32

单据 1-3-22　　　　　　　　　　　专用发票汇总表

发票领用存情况

期初库存份数	5	正数发票份数	3	负数发票份数	0
购进发票份数	0	正数废票份数	0	负数废票份数	0
退回发票份数	0	期末库存份数	2		

销项情况
金额单位：元

序号	项目名称	合计	17%	13%	6%	4%	其他
1	销项正废余额	0.00	0.00	0.00	0.00	0.00	0.00
2	销项正数余额	0.00	0.00	0.00	0.00	0.00	0.00
3	销项负废余额	0.00	0.00	0.00	0.00	0.00	0.00
4	销项负数余额	0.00	0.00	0.00	0.00	0.00	0.00
5	实际销售金额	172 841.19	172 841.19	0.00	0.00	0.00	0.00
6	销项正废税额	0.00	0.00	0.00	0.00	0.00	0.00
7	销项正数税额	0.00	0.00	0.00	0.00	0.00	0.00
8	销项负废税额	0.00	0.00	0.00	0.00	0.00	0.00
9	销项负数税额	0.00	0.00	0.00	0.00	0.00	0.00
10	实际销项税额	29 383.00	29 383.00	0.00	0.00	0.00	0.00

单据 1-3-23

普通发票汇总表

发票领用存情况

期初库存份数	45	正数发票份数	12	负数发票份数	0
购进发票份数	0	正数废票份数	0	负数废票份数	0
退回发票份数	0	期末库存份数	33		

销项情况

金额单位：元

序号	项目名称	合计	17%	13%	6%	4%	其他
1	销项正废金额	0.00	0.00	0.00	0.00	0.00	0.00
2	销项正数金额	0.00	0.00	0.00	0.00	0.00	0.00
3	销项负废金额	0.00	0.00	0.00	0.00	0.00	0.00
4	销项负数金额	0.00	0.00	0.00	0.00	0.00	0.00
5	实际销售金额	119 946.17	119 946.17	0.00	0.00	0.00	0.00
6	销项正废税额	0.00	0.00	0.00	0.00	0.00	0.00
7	销项正数税额	0.00	0.00	0.00	0.00	0.00	0.00
8	销项负废税额	0.00	0.00	0.00	0.00	0.00	0.00
9	销项负数税额	0.00	0.00	0.00	0.00	0.00	0.00
10	实际销项税额	20 390.85	20 390.85	0.00	0.00	0.00	0.00

单据 1-3-24

增值税纳税申报表

（适用于增值税一般纳税人）

根据《中华人民共和国增值税暂行条例》第二十二条和第二十三条的规定制定本表。纳税人不论有无销售额，均应按主管税务机关核定的纳税期限按期填报本表，并于次月一日起十日内，向当地税务机关申报。

税款所属时间：　　　　　　　　　填表日期：　　　　　　金额单位：元至角分

纳税人识别号：

纳税人名称		法定代表人姓名			营业地址	
开户银行及账号			企业登记注册类型		电话号码	

项　目		栏次	一般货物及劳务		即征即退货物及劳务	
			本月数	本年累计	本月数	本年累计
销售额	（一）按适用税率征税货物及劳务销售额	1				
	其中：应税货物销售额	2				
	应税劳务销售额	3				
	纳税检查调整的销售额	4				
	（二）按简易征收办法征税货物销售额	5				
	其中：纳税检查调整的销售额	6				
	（三）免、抵、退办法出口货物销售额	7			—	—
	（四）免税货物及劳务销售额	8			—	—
	其中：免税货物销售额	9			—	—
	免税劳务销售额	10			—	—

项　目		栏次	一般货物及劳务		即征即退货物及劳务	
			本月数	本年累计	本月数	本年累计
税款计算	销项税额	11				
	进项税额	12				
	上期留抵税额	13		—		—
	进项税额转出	14				
	免抵退货物应退税额	15			—	—
	按适用税率计算的纳税检查应补缴税额	16			—	—
	应抵扣税额合计	17=12+13-14-15+16			—	—
	实际抵扣税额	18（如17<11，则为17，否则为11）				
	应纳税额	19=11-18				
	期末留抵税额	20=17-18			—	—
	简易征收办法计算的应纳税额	21				
	按简易征收办法计算的纳税检查应补缴税额	22				
	应纳税额减征额	23				
	应纳税额合计	24=19+21-23				
税款缴纳	期初未缴税额（多缴为负数）	25				
	实收出口开具专用缴款书退税额	26				
	本期已缴税额	27=28+29+30+31				
	① 分次预缴税额	28			—	—
	② 出口开具专用缴款书预缴税额	29			—	—
	③ 本期缴纳上期应纳税额	30				
	④ 本期缴纳欠缴税额	31				
	期末未缴税额（多缴为负数）	32=24+25+26-27				
	其中：欠缴税额（≥0）	33=25+26-27			—	—
	本期应补（退）税额	34=24-28-29				
	即征即退实际退税额	35	—	—		
	期初未缴查补税额	36				
	本期入库查补税额	37				
	期末未缴查补税额	38=16+22+36-37			—	—
授权声明	如果你已委托代理人申报，请填写下列资料：					
	为代理一切税务事宜，现授权		此纳税申报表是根据《中华人民共和国增值税暂行条例》的规定填报的，			
	（地址）为本纳税人的代理申报人，					
	任何与本申报表有关的往来文件，都可寄予此人。		我相信它是真实的、可靠的、完整的。			
	授权人签字：		声明人签字：			

以下由税务机关填写：

单据1-3-25

增值税纳税申报表附列资料（表一）

（本期销售情况明细）

税款所属时间：　　年　　月

纳税人名称（公章）　　　　　　　填表日期：　　年　　月　　日　　　　　金额单位：元（至角分）

一、按适用税率征收增值税货物及劳务的销售额和销项税额明细													
项　目	栏　次	应税货物						应税劳务			小　计		
		17%税率			13%税率								
		份数	销售额	销项税额	份数	销售额	销项税额	份数	销售额	销项税额	份数	销售额	销项税额
防伪税控系统开具的增值税专用发票	1												
非防伪税控系统开具的增值税专用发票	2	—	—	—	—	—	—	—	—	—	—	—	—
开具普通发票	3												
未开具发票	4												
小　计	5=1+2+3+4	—			—						—		
纳税检查调整	6							—	—	—			
合　计	7=5+6												

二、简易征收办法征收增值税货物的销售额和应纳税额明细									
项　目	栏　次	6%征收率			4%征收率			小　计		
		份数	销售额	应纳税额	份数	销售额	应纳税额	份数	销售额	应纳税额
防伪税控系统开具的增值税专用发票	8									
非防伪税控系统开具的增值税专用发票	9	—	—	—	—	—	—	—	—	—
开具普通发票	10									
未开具发票	11									
小　计	12=8+9+10+11									
纳税检查调整	13									
合　计	14=12+13									

三、免征增值税货物及劳务销售额明细									
项　目	栏　次	免税货物			免税劳务			小　计		
		份数	销售额	税额	份数	销售额	税额	份数	销售额	税额
防伪税控系统开具的增值税专用发票	15				—	—	—			
开具普通发票	16			—			—			—
未开具发票	17	—			—					
合　计	18=15+16+17									

增值税纳税申报表附列资料（表二）

（本期进项税额明细）

税款所属时间：　　年　月

纳税人名称（公章）　　　　　　　　填表日期：　　年　月　日　金额单位：元（至角分）

一、申报抵扣的进项税额				
项目	栏次	份数	金额	税额
（一）认证相符的防伪税控增值税专用发票	1			
其中：本期认证相符且本期申报抵扣	2			
前期认证相符且本期申报抵扣	3			
（二）非防伪税控增值税专用发票及其他扣税凭证	4			
其中：海关进口增值税专用缴款书	5			
农产品收购发票或者销售发票	6			
废旧物资发票	7			
运输费用结算单据	8			
6%征收率	9	—	—	—
4%征收率	10	—	—	—
（三）外贸企业进项税额抵扣证明	11	—		
当期申报抵扣进项税额合计	12			
二、进项税额转出额				
项目	栏次	税额		
本期进项税转出额	13			
其中：免税货物用	14			
非应税项目用、集体福利、个人消费	15			
非正常损失	16			
按简易征收办法征税货物用	17			
免抵退税办法出口货物不得抵扣进项税额	18			
纳税检查调减进项税额	19			
未经认证已抵扣的进项税额	20			
红字专用发票通知单注明的进项税额	21			
三、待抵扣进项税额				
项目	栏次	份数	金额	税额
（一）认证相符的防伪税控增值税专用发票	22			
期初已认证相符但未申报抵扣	23			
本期认证相符且本期未申报抵扣	24			
期末已认证相符但未申报抵扣	25			
其中：按照税法规定不允许抵扣	26			
（二）非防伪税控增值税专用发票及其他扣税凭证	27			
其中：海关进口增值税专用缴款书	28			
农产品收购发票或者销售发票	29			
废旧物资发票	30			

续表

三、待抵扣进项税额				
项目	栏次	份数	金额	税额
运输费用结算单据	31			
6%征收率	32	—	—	—
4%征收率	33	—	—	—
	34			
四、其他				
项目	栏次	份数	金额	税额
本期认证相符的全部防伪税控增值税专用发票	35			
期初已征税款挂账额	36	—	—	
期初已征税款余额	37	—	—	
代扣代缴税额	38	—	—	

注：第1栏=第2栏+第3栏=第23栏+第35栏−第25栏；第2栏=第35栏−第24栏；第3栏=第23栏+第24栏−第25栏；第4栏等于第5栏至第10栏之和；第12栏=第1栏+第4栏+第11栏；第13栏等于第14栏至第21栏之和；第27栏等于第28栏至第34栏之和。

单据 1-3-27　　　　**固定资产进项税额抵扣情况表**

纳税人识别号：　　　　　纳税人名称：（公章）

填表日期：　年　月　日　　　　　　出　　　　　　金额单位：元（至角分）

项目	当期申报抵扣的固定资产进项税额	当期申报抵扣的固定资产进项税额累计
增值税专用发票		
海关进口增值税专用缴款书		
合计		

注：本表一式两份，一份纳税人留存，一份主管税务机关留存

知识链接

一般纳税人增值税申报流程如图 1-3-2 所示。

纳税申报工作流程具体如下。

1. 抄税

按"发票使用明细表"格式录入当月已开具的发票→与销售核算岗位核对收入金额→整理并装订发票存根→打印"发票使用明细表"并按月装订成册→按规定日期去税务局抄税。

说明：① 办事处携外开具的普通发票，在核算收入当月进行抄税。

② 保证所录入的销售发票税款金额与财务系统中的销售税一致，并且当月增值税销项=

（销售收入+其他业务收入）×17%。

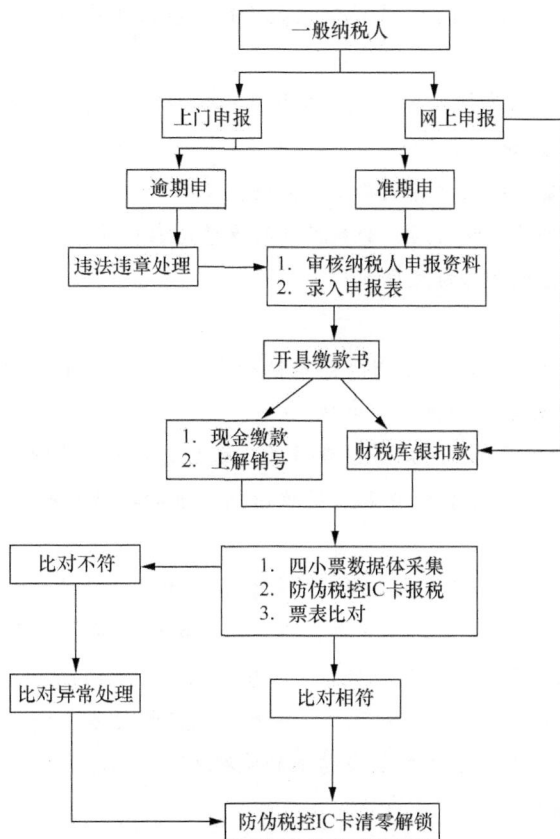

图 1-3-2　一般纳税人增值税申报流程图

③ 增值税专用发票存根按每本 25 张装订，并计算每本销售额和税额与"发票使用明细表"对应，普通发票不必重新装订。

④ 在清理装订发票存根过程中，须注意作废发票是否所有联次齐全，红字发票是否附合法依据。

⑤ 抄税前须做到抄税软盘数据、IC 卡数据、开具的全部专用发票存根联数据、专用发票使用台账 4 项相符。

2. 抵扣

收受主管岗传来的抵扣联→30 日前将当月收到的增值税票抵扣联送税务局验证→按"发票抵扣联清单格式"录入当月增值税抵扣联→与财务系统核对当月进项税额→装订抵扣联→打印抵扣联清单并装订成册。

说明：① 计算每本抵扣联进项税额，不同税率的进项税分别列示，并与抵扣联清单对应。② 及时向各会计岗位宣传抵扣联发票的填写和签章规则，以便能及时抵扣。

3. 申报税款

每月 10 日前填写各类税款申报表→传主管岗审核→财务经理签章→申报→登记税票→申报表归类保存。

说明：① 增值税、所得税、城建税及其他附加税，公积金按月申报，房产税分别于 1 月、7 月分两次申报，车船使用税、土地使用税于每季度第 1 个月申报，印花税年底一次性申报。

② 填写申报表时，应查询并扣除提前开具票据的税款金额，如出口交税、预交的其他税款应在已交税金栏中反映。

③ 各类税款申报金额以税法相关条款为依据。

④ 领到申报开具的各类税票后，分税种在税票登记本中登记。

⑤ 全年申报表应按税种分类装订成册。

4. 税款缴纳

申报月度资金计划：月末根据当月开票及抵扣情况、税款交纳计划等预计下月税款所需资金→填写月度资金计划表→财务经理审核。

税款缴纳：填写付款审批单→财务经理审批→填写进账单，连同税票和付款审批单交出纳办理银行结算手续→登记资金计划表→签收出纳传来的银行进账回执在税票登记本中注销相应的税票→编制凭证。

税卡缴纳：完税→划卡→从卡中完税→签收税务岗申报开具的公积金交款凭证→填写付款审批单→财务经理签字→传出纳岗交款→签收出纳岗传来的公积金交款凭证存根→编制记账凭证→签收出纳传来的养老金交纳凭证→编制记账凭证。

说明：① 向税卡中在税票登记划款时，同时将相应的税票交给征管员，并记卡中备注转交征管员。从税卡入库后，收到征管员传来的完税税票和付款凭证时，编制记账凭证，并在税票登记本中注销该票。

② 编制完税记账凭证时，摘要栏中须注明票号和所属期。

5. 发票的领购及使用

根据发票和收据需求量及时填写票据领购凭证→财务经理盖章→去税务局购买→登记所购票据→存保险柜→登记发放情况→领用人签名

编制当月票据领用情况表。

说明：① 及时购买所需的票据，随时满足领用需求。

② 票据按本发放，领用人须交回用完后的票据存根，换领新的票据。

③ 领购的空白票据须妥善保管，谨防丢失。

任务拓展

编制城市维护建设税、教育费附加纳税申报表（见单据 1-3-28）

说明：2011 年 10 月 1 日，根据本月增值税申报结果填写城市维护建设税、教育费附加纳税申报表。城市维护建设税、教育费附加无预缴。城市维护建设税税收缴款书号为 0667875，教育费附加税收缴款书号为 0726629。

单据1-3-28　　　**城市维护建设税、教育费附加纳税申报表**

纳税人识别号　　　　　　　　　　填表日期　　年　　月　　日　　单位：　　元（列至角分）

税种	应税项目	计税依据	税（费）率	应纳税（费）额	减免（费）额	已预缴税（费）额	本期申报应纳税（费）额
纳税人名称							
税款所属时间			开户银行			账号	
1	2	4	5	6=4*5	7	8	9=6-7-8
城市维护建设税	增值税						
	营业税						
	消费税						
	小计						
教育费附加	增值税						
	营业税						
	消费税						
	小计						
城市维护建设税税收缴款书号				教育费附加税收缴款书号			
如纳税人填报，由纳税人填写以下各栏				如委托税务代理机构填报，由税务代理机构填写以下各栏			
会计主管（签章）		经办人（签章）		税务代理机构名称		税务代理机构（章）	
				税务代理机构地址			
申报声明	此纳税申报表是根据国家税收法律的规定填报的，我确定它是真实的、可靠的、完整的。声明人：（法定人签字或盖章）：		代理人（签章）		联系电话		
			以下由税务机关填写				
			收到申报表日期		接收人		

任务评价

表1-3-9　　　　　　　**任务评价表**

评价项目		评价内容	自评	组长评分	教师评分
工作任务完成情况（30%）					
组织能力（10%）					
工作质量及效率（10%）					
工作能力（20%）	处理能力（10%）				
	专业技能（10%）				
沟通协调（10%）					
工作态度与责任感（10%）					
工作勤惰与纪律性（10%）					

第二篇 综合模拟实训

任务一　企业认知

一、企业背景资料

（1）企业名称：青岛皓翔科技有限公司。企业设立时间：2008 年 1 月 1 日。

（2）企业法人：王承刚。

（3）经营范围：主营甲、乙两种产品的生产销售，兼营对外提供修理或修配劳务。

（4）营业地址：山东省青岛市市南区中山路 168 号，电话：0532-87868666。

（5）税务登记号：201256784567890。

（6）基本存款账户开户银行：中国工商银行市南支行，

开户行账号：330987654321，行号：8866，

开户行地址：山东省青岛市中山路 20 号。

（7）一般存款账户开户银行：中国建设银行市南支行，

开户行账号：220987654321，行号：6789，

开户行地址：山东省青岛市中山路 68 号。

（8）内部会计制度相关规定：企业执行现行《小企业会计准则》，记账本位币为人民币。原材料按实际成本计价，发出材料单位成本采用月末一次加权平均法计算。产品成本计算采用品种法，原材料均于生产开始时一次投入，其他费用随生产进度陆续发生。在生产过程中，多种产品共同消耗的原材料按当月产品投产量进行分配，生产工人的工资按产品生产工时进行分配，制造费用采用"产成品产量比例法"进行分配，生产成本在完工产品与在产品之间的分配采用定额成本计价法。计算结果均保留两位小数。

（9）固定资产折旧采用平均年限法。

（10）会计机构人员分工：出纳—李欣，身份证号：370212198107093556；

会计—王丽；会计主管—高明。

二、会计科目及期初余额

表 2-1-1　　　　　　　会计科目及期初余额表

科目编码	科目名称	辅助核算	方向	币别/计量	期初余额
1001	库存现金	日记账	借		17 566.00
1002	银行存款	日记账、银行账	借		1 258 771.50
100201	商业银行存款	日记账、银行账	借		1 258 771.50
1012	其他货币资金		借		0.00
1121	应收票据		借		277 000.00

科目编码	科目名称	辅助核算	方向	币别/计量	期初余额
1122	应收账款	客户往来	借		50 000.00
1123	预付账款		借		0.00
1131	应收股利		借		0.00
1132	应收利息		借		0.00
1221	其他应收款		借		5 000.00
122101	王强		借		5 000.00
122102	李刚		借		0.00
1231	坏账准备		贷		2 000.00
1401	采购材料		借		0.00
1402	在途材料		借		650 000.00
1403	原材料	数量金额式	借	千克	44 400.00
140301	C01 材料	数量金额式	借	千克	5 100.00
				千克	1 000.00
140302	C02 材料	数量金额式	借		39 300.00
				千克	3 000.00
1404	材料成本差异		借		0.00
1405	库存商品	数量金额式	借	件	38 460.00
140501	甲产品	数量金额式	借		116 400.00
				件	10 000.00
140502	乙产品	数量金额式	借		26 820.00
				件	2 000.00
1471	存货跌价准备		贷		0.00
1601	固定资产		借		1 172 070.00
1602	累计折旧		贷		198 551.50
1604	在建工程		借		0.00
1701	无形资产		借		
1702	累计摊销		贷		
1901	待处理财产损益		借		0.00
2001	短期借款		贷		0.00
2201	应付票据		贷		63 600.00
2202	应付账款	供应商往来	贷		230 000.00
2203	预收账款		贷		0.00
2211	应付职工薪酬		贷		292 420.00
221101	工资		贷		292 420.00
221102	职工福利		贷		0.00
221105	工会经费		贷		0.00

科目编码	科目名称	辅助核算	方向	币别/计量	期初余额
2221	应交税费		贷		220 801.00
222101	应交增值税		贷		0.00
22210101	进项税		贷		0.00
22210105	销项税		贷		0.00
22210106	转出未交增值税		贷		0.00
222102	未交增值税		贷		200 650.00
222106	应交所得税		贷		0.00
222107	应交城市建设维护税		贷		14 045.50
222110	应交土地使用税		贷		0.00
222113	应交教育附加		贷		6 019.50
222115	应交地方性教育费附加		贷		86.00
2231	应付利息		贷		0.00
2232	应付股利		贷		0.00
2241	其他应付款		贷		0.00
2501	长期借款		贷		1 000 000.00
4001	实收资本		贷		1 014 410.00
4002	资本公积		贷		0.00
4101	盈余公积		贷		500 000.00
4103	本年利润		贷		
4104	利润分配		贷		96 245.00
410415	未分配利润		贷		96 245.00
5001	生产成本		借		0.00
500101	甲产品	数量金额式	借	件	0.00
500102	乙产品	数量金额式	借	件	0.00
5101	制造费用		借		0.00
6001	主营业务收入	数量金额式	贷	件	0.00
600101	甲产品	数量金额式	贷	件	0.00
600102	乙产品	数量金额式	贷	件	0.00
6011	利息收入		贷		0.00
6041	租赁收入		贷		0.00
6051	其他业务收入		贷		0.00
6061	汇兑损益		借		0.00
6111	投资收益		贷		0.00
6301	营业外收入		贷		0.00
6401	主营业务成本	数量金额式	借	件	0.00
640101	甲产品	数量金额式	借	件	0.00

科目编码	科目名称	辅助核算	方向	币别/计量	期初余额
640102	乙产品	数量金额式	借	件	0.00
6402	其他业务成本		借		0.00
6403	营业税金及附加		借		0.00
6411	利息支出		借		0.00
6421	手续费及佣金支出		借		0.00
6601	销售费用		借		0.00
660101	工资		借		0.00
660102	折旧费		借		0.00
660103	广告费		借		0.00
660104	其他		借		0.00
6602	管理费用		借		0.00
660201	工资		借		0.00
660202	福利费		借		0.00
660203	工会经费		借		0.00
660204	差旅费		借		0.00
660205	业务招待费		借		0.00
660206	折旧费		借		0.00
660207	其他		借		0.00
6603	财务费用		借		0.00
6711	营业外支出		借		0.00
6801	所得税费用		借		0.00

三、明细账期初余额

1. "应付账款"期初余额明细表（见表 2-1-2）

表 2-1-2 　　　　　　　"应付账款"期初余额明细表

日期	凭证号数	供应商	摘要	方向	金额
2008-05-10	转-045	青岛红光	购买材料	贷	60 000.00
2008-05-23	转-056	济南广告	广告费	贷	50 000.00
2008-05-25	转-068	北京广安	购买材料	贷	120 000.00

2. "应收账款"期初余额明细表（见表 2-1-3）

表 2-1-3 　　　　　　　"应收账款"期初余额明细表

日期	凭证号数	供应商	摘要	方向	金额
2008-05-15	转-030	华大公司	销售产品	借	50 000.00

3. 库存商品明细账余额表（见表2-1-4）

表2-1-4 库存商品明细余额表

产品名称	计量单位	单位成本	数量	金额
甲	件	11.640	100 000	116 400.00
乙	件	13.410	2 000	26 820.00

4. 原材料期初明细表（见表2-1-5）

表2-1-5 "原材料"期初余额明细表

产品名称	计量单位	单位成本	数量	金额
A材料	千克	5.100	1 000	5 100.00
B材料	千克	13.100	3 000	39 300.00

任务二　综合模拟实训

一、实训目的和要求

实训目的：（1）熟悉会计岗位规范的要求与会计岗位工作的程序。（2）遵循分岗位工作循环和业务流程的要求，能进行会计原始凭证的描述、传递、审核与分析，掌握各岗位会计处理的基本技能和方法，并能正确出具会计凭证、账簿、报表等。（3）锻炼团体协作能力、业务分析能力、判断能力和文字表达能力。

实训要求：根据业务需要设置 3 个会计工作岗位，建立会计工作岗位责任制，并将模拟的会计工作岗位进行有计划的轮换，以保证达到实践教学的目的和要求。

二、实训内容

青岛皓翔科技有限公司于 2008 年 6 月有关经济业务资料如下。

1. 2 日，从中国工商银行取得一笔期限为 9 个月，月利率为 0.7% 的借款 200 000 元，已划入企业的一般存款账户中，如单据 2-2-1 所示。

单据 2-2-1　　　　　　**贷款凭证（3）（收账通知）**

2008 年 6 月 2 日

贷款单位	青岛皓翔科技有限公司	种类	短期	贷款记账号	工行市南支行 81451058675081002									
金额	人民币（大写）贰拾万元整				千	百	十	万	千	百	十	元	角	分
					¥	2	0	0	0	0	0	0	0	0
用途	流动资金周转	单位申请期限			自 2008 年 6 月 1 日起至 2009 年 3 月 1 日									
		银行核定期限			自 2008 年 6 月 1 日起至 2009 年 3 月 1 日									

上述贷款已核准发放，并已划入你单位账号。
月利率：0.7%。

中国工商银行市南支行
2008 年 6 月 2 日
转讫

单位会计分录

收入

付出

复核　　记账

主管　　会计

工作程序：

（1）负责资金业务核算会计王丽审核原始凭证，并根据审核无误的原始凭证填制记账凭证，送交财务部长高明审核记账凭证。

（2）根据审核后的记账凭证，出纳员李欣登记"银行存款"日记账，资金会计王丽登记"短期借款"明细账。

2. 2日，上月购入的两种材料验收入库，如单据 2-2-2 所示。

单据 2-2-2

收 料 单

收料部门：仓库　　　　　　　　2008 年 6 月 2 日　　　　　　　收字　第 5 号

种类	编号	名称	规格	数量	单位	单价	成本总额									
							千	百	十	万	千	百	十	元	角	分
材料	A	A		2 000	件	250.00		5	0	0	0	0	0	0	0	0
材料	B	B		1 500	件	100.00		1	5	0	0	0	0	0	0	0
备注								¥	6	5	0	0	0	0	0	0

负责人：李涛　　　　　　　验收：张华　　　　　　　填单：刘红

工作程序：

（1）负责资产物资核算会计王丽审核原始凭证，并根据审核无误的原始凭证填制记账凭证，送交财务部长高明审核记账凭证。

（2）资产会计王丽根据记账凭证登记"在途物资"、"原材料"明细账。

3. 2日，申办银行汇票 600 000 元，计划到江苏购料，支付手续费 21 元，如单据 2-2-3 和单据 2-2-4 所示。

单据 2-2-3

中国工商银行　　银行汇票申请书 **（存 根）** 1

申请日期　2008 年 6 月 2 日　　　　　　第 1 号

申请人	青岛皓翔科技有限公司	收款人	江苏昆山公司									
账 号 或住址	330987654321	账 号 或住址	81451058675081002									
用 途	支付购货款	代 理 付款行	工行市南支行									
汇票金额	人民币（大写）　陆拾万元整			千	百	十	万	千	百	十	元	角	分
					¥	6	0	0	0	0	0	0	0

上列款项请从我账户内支付

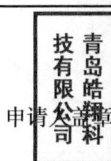

青岛皓翔科技有限公司

申请人盖章

科　目（借）_____

对方科目（贷）_____

转账日期　　　年　　月　　日

复核　　　　　　　记账

单据 2-2-4

中国工商银行市南支行邮、电手续费收费凭证（借方凭证）

2008 年 6 月 2 日

缴款人名称：**青岛皓翔科技有限公司**																	信（电）汇　　笔　汇票 1 笔　其他　　笔					
账号：**330987654321**																	异托、委托　　笔　支票　　笔（本）　专用托收　　笔					
邮费金额						电报费金额						手续费金额						合计金额				
百	十	元	角	分	百	十	元	角	分	百	十	元	角	分	百	十	元	角	分		
												￥	2	1	0	0		￥	2	1	0	0
合计金额					人民币（大写）：**贰拾壹元整**																

中国工商银行市南支行
2008 年 6 月 2 日
复核　　记账
复票　　转讫　　制票

工作程序:

（1）总账会计王丽审核原始凭证，并根据审核无误的原始凭证填制记账凭证。

（2）会计主管高明审核记账凭证。

（3）会计王丽根据记账凭证登记"财务费用"明细账。

（4）出纳员李欣根据记账凭证登记"银行存款日记账"。

4. 3 日，向济南材料厂一批，价值 900 000 元，增值税率 17%，开出商业汇票，如单据 2-2-5 和单据 2-2-6 所示。

单据 2-2-5

山东省增值税专用发票

发票联
全国统一发票监制章
国家税务局监制

No. 04838848

开票日期：2008 年 6 月 3 日

购货单位	名　　称：**青岛皓翔科技有限公司** 纳税人识别号：**201256784567890** 地址、电话：**山东省青岛市市南区中山路 168 号** 开户行及账号：**中国工商银行市南支行** **330987654321**	密码区	245687478/>+<1248<-<　加密版本：01 *+—457-</148<-22-45　8641516972 *-4-78>879458136845<7+0　14785412 9/92/279>>->98>><1　　478131
货物或应税劳务名称	规格型号	单位	数量	单价	金额	税率	税额

货物或应税劳务名称	规格型号	单位	数量	单价	金额	税率	税额
材料					900 000.00	17%	153 000.00
合　　计					￥900 000.00	17%	153 000.00
价税合计（大写）	**壹佰零伍万叁仟元整**				（小写）1 053 000.00		

销货单位	名　　称：**济南材料厂** 纳税人识别号：**420563426735637** 地址、电话：**济南市经五路 223 号** 开户行及账号：**工商银行五里支行** **42045276341**	备注	发票专用章

第二联　发票联　购货方记账凭证

收款人：　　　　复核：　　　　开票人：**刘叶**　　　　销货单位：（章）

单据 2-2-6

收 料 单

收料部门：仓库　　　　　　　2008 年 6 月 3 日　　　　　　收字　第 5 号

种类	编号	名称	规格	数量	单位	单价	成本总额									
							千	百	十	万	千	百	十	元	角	分
材料	A	A		2 000	件	450.00		9	0	0	0	0	0	0	0	0
备注								¥	9	0	0	0	0	0	0	0

第三联　财务记账

负责人：李涛　　　　　　验收：张华　　　　　　填单：刘红

业务指导：

增值税专用发票的抵扣联，作为一般纳税人在增值税纳税申报时用于抵扣销项税额的凭证。该凭证在会计制单时不作为记账依据，应当单独保管。银行承兑汇票第三联，表明所购货物的价税款采用银行承兑汇票进行结算，期限为 3 个月，即票据到期日为 2008 年 9 月 3 日。

工作程序：

（1）会计王丽审核原始凭证，并根据审核无误的原始凭证填制记账凭证。

（2）会计主管高明审核记账凭证。

（3）王丽根据记账凭证登记"原材料"明细账，登记"应交税费——应交增值税"明细账，登记"应付票据"明细账。

5. 3 日，开出现金支票一张，提取现金 8 000 元备用，如单据 2-2-7 所示。

单据 2-2-7

中国工商银行 现金支票存根
支票号码　XII3576802
科　　目＿＿＿＿＿＿＿
对方科目＿＿＿＿＿＿＿
签发日期　2008 年 6 月 3 日
收款人：青岛皓翔科技有限公司
金　额：¥8 000.00
用　途：备用金
备　注
单位主管　　　　会计

业务指导:

签发现金支票时,应加盖预留银行印鉴。现金支票背面要有背书(即签名,加盖预留银行印鉴),并加注取款人的身份证号码及发证机关。

工作程序:

(1)会计王丽审核原始凭证,并根据审核无误的原始凭证填制记账凭证。

(2)会计主管高明审核记账凭证。

(3)出纳员李欣登记"库存现金日记账"和"银行存款日记账"。

6. 4日,青岛皓翔科技有限公司将持有的银行承兑汇票背书转让给河南大禹公司,用以冲抵前欠材料款 117 000 元,如单据 2-2-8 所示。

单据 2-2-8

被背书人:河南大禹公司	被背书人
背书人签章 2008 年 6 月 4 日	背书人签章 2008 年 6 月 4 日

业务指导:

背书是指在票据背面或者粘单上记载有关事项并签章的票据行为。它是持票人将汇票权利转让给他人或者将一定的汇票权利授予他人行使。这张原始凭证是银行承兑汇票结算凭证的背书业务,表明公司将持有的上海国贸大厦未到期银行承兑汇票转让给合肥大宇公司,用来抵偿以前所欠该公司的进货款项。

工作程序:

(1)会计王丽审核原始凭证,并根据审核无误的原始凭证填制记账凭证。

(2)会计主管高明审核记账凭证。

(3)会计王丽根据记账凭证登记"应付账款明细账"和"应付票据明细账"。

7. 4日,从江苏某公司购入材料一批,已验收入库,专用发票注明价款 500 000 元,增值税 85 000 元,同时收到对方铁路运输发票一张 1 000 元。款项已全部支付如单据 2-2-9 至单据 2-2-13 所示。

单据 2-2-9

江苏省增值税专用发票

发 票 联   No. 04838848

开票日期：2008 年 6 月 4 日

购货单位	名　称：青岛皓翔科技有限公司 纳税人识别号：201256784567890 地址、电话：山东省青岛市市南区中山路168号 开户行及账号：中国工商银行市南支行 330987654321	密码区	245687478/>+<1248<-< 加密版本：01 *+—457-</148<-22-45　8641516972 *-4-78>879458136845<7+0　14785412 9/92/279>>->98>><1　478131

货物或应税劳务名称	规格型号	单位	数量	单价	金额	税率	税额
原材料	YZ0001	台	2 500	200.00	500 000.00	17%	85 000.00
合　计					¥500 000.00	17%	85 000.00

价税合计（大写）	伍拾捌万伍仟元整	（小写）585 000.00

销货单位	名　称：江苏昆山商贸公司 纳税人识别号：420563426735637 地址、电话：昆山市丰都路25号 开户行及账号：工行丰都支行 42045276341	备注

收款人：　　　　　　复核：　　　　　开票人：刘叶　　　　销货单位：（章）

第二联　发票联　购货方记账凭证

单据 2-2-10

江苏省增值税专用发票

抵 扣 联   No. 04838848

开票日期：2008 年 6 月 4 日

购货单位	名　称：青岛皓翔科技有限公司 纳税人识别号：201256784567890 地址、电话：山东省青岛市市南区中山路168号 开户行及账号：中国工商银行市南支行 330987654321	密码区	245687478/>+<1248<-< 加密版本：01 *+—457-</148<-22-45　8641516972 *-4-78>879458136845<7+0　14785412 9/92/279>>->98>><1　478131

货物或应税劳务名称	规格型号	单位	数量	单价	金额	税率	税额
材料	YZ0001	台	2 500	200.00	500 000.00	17%	85 000.00
合　计					¥500 000.00	17%	85 000.00

价税合计（大写）	伍拾捌万伍仟元整	（小写）585 000.00

销货单位	名　称：江苏昆山商贸公司 纳税人识别号：420563426735637 地址、电话：昆山市丰都路25号 开户行及账号：工行丰都支行 42045276341	备注

收款人：　　　　　　复核：　　　　　开票人：刘叶

第一联　抵扣联　购货方抵扣凭证

单据 2-2-11

全国联运行业货运统一发票

发票代码

开票日期	*2008* 年 *6* 月 *4* 日		发 票 联	发票号码	

机打代码	2510000410	密		
机打号码	10008	码		
机器编号		区		

发货人 名称	*江苏昆山商贸公司*	运输费用		其他费用	
纳税人 识别号	*420563426735637*	项目及金额		项目及金额	
		一、自备运输工具运费		仓储费	
		1．公路运费		包装整理费	
收货人 名称	*青岛皓翔科技有限公司*	2．水路运费		装卸费	
纳税人 识别号	*201256784567890*			劳务费	
				票签费	
发货站（港）到站（港）　　　经由　　中转				小计	
江苏昆山　　青岛				包干费	
		二、代付费用			
件数　　计重资费　　包装		1．铁路运费	*1 000*	垫付费用	
		2．公路运费		项目及金额	
		3．水路运费		保险费	
		4．航空运费		邮寄费	
		小计		小计	
合计人民币（大写）壹仟元整				*1 000.00*	
承运人名称 纳税人识别号		主管税务机关 及　代　码			
开票单位盖章　　　　　　开票人：　　　　　　收款人　　　　　　手写无效					

第二联　发票联　收货方记账凭证

単据 2-2-12

全国联运行业货运统一发票

发票代码

开票日期	*2008* 年 *6* 月 *4* 日		抵 扣 联	发票号码	

机打代码	2510000410	密		
机打号码	10008	码		
机器编号		区		

发货人 名称	*江苏昆山商贸公司*	运输费用		其他费用	
纳税人 识别号	*420563426735637*	项目及金额		项目及金额	
		一、自备运输工具运费		仓储费	
		1．公路运费		包装整理费	
收货人 名称	*青岛皓翔科技有限公司*	2．水路运费		装卸费	
纳税人 识别号	*201256784567890*			劳务费	
				票签费	
发货站（港）到站（港）　　　经由　　中转				小计	
江苏昆山　　青岛		二、代付费用		包干费	
件数　　计重资费　　包装		1．铁路运费	*1 000*	垫付费用	
		2．公路运费		项目及金额	
		3．水路运费		保险费	
		4．航空运费		邮寄费	
		小计		小计	
合计人民币（大写）壹仟元整				*1 000.00*	
承运人名称 纳税人识别号		主管税务机关 及　代　码			
开票单位盖章　　　　　　开票人：　　　　　　收款人　　　　　　手写无效					

第一联　抵扣联　付款方留存

单据 2-2-13

收 料 单

收料部门：仓库　　　　　　　　　　2008 年 6 月 4 日　　　　　　　　专字　第 5 号

种类	编号	名称	规格	数量	单位	单价	成本总额									
							千	百	十	万	千	百	十	元	角	分
材料				2 500	件	200.37			5	0	0	9	3	0	0	0
备注							¥	5	0	0	9	3	0	0	0	

负责人：　　　　　记账：王丽　　　　　验收：张华　　　　　填单：刘红

业务指导：

货运统一发票抵扣联同增值税专用发票抵扣联一样，在制单时不作为记账依据，应当单独保管，作为一般纳税人在增值税纳税申报时用于抵扣销项税额的凭证。根据税法规定，企业外购货物所支付的运费，可按 7% 的扣除率计算进项税额准予抵扣。在本业务中，材料采购成本应按增值税专用发票上的材料价款 500 000 元，加上运费 1 000 元扣除 70 元后的差额，即实际成本应为 500 930 元。代理付款行结算全部价款后将多余款退给本公司。

工作程序：

（1）会计王丽审核原始凭证，并根据审核无误的原始凭证填制记账凭证。

（2）会计主管高明审核记账凭证。

（3）王丽根据记账凭证登记"原材料明细账"。根据记账凭证登记"应交税费—应交增值税明细账"。

（4）出纳员李欣根据记账凭证登记"其他货币资金明细账"。

8. 4 日，采购员李明出差，预借差旅费 1 500 元，以现金支付，如单据 2-2-14 所示。

单据 2-2-14

借 支 单

2008 年 6 月 4 日

借款部门	采购部	职别	职员	出差人姓名	李明
借款事由	公务出差西安			现金付讫	
借款金额人民币（大写）：	壹仟伍佰元整			¥1 500.00	
批准人	王承钢	部门负责人	刘一明	财务负责人	高明

收款人：李明

业务指导：

企业借支业务一般首先由借款人填写借款单，经主管部门负责人和企业"财务一支笔"审批签字后，交财务部门负责人审核，最后由出纳员根据借款金额向借款人支付现金。

工作程序：

（1）会计王丽审核原始凭证，并根据审核无误的原始凭证填制记账凭证。

（2）会计主管高明审核记账凭证。

（3）王丽根据记账凭证登记"其他应收款明细账"。

（4）出纳员李欣根据记账凭证登记"库存现金日记账"。

9. 5日，基本生产车间领用材料，如单据 2-2-15 所示。

单据 2-2-15

领 料 单

发货仓库：仓库　　　　　　　　　　　　　　　　　　　　　　　第 1 号

领料部门：基本生产车间　　　　　　　　　　　　　　　　　　2008 年 6 月 5 日

类别	编号	名称型号	单位	应发数量	实发数量	单位成本	金额
材料	A	A	件	2 000	2 000	450	900 000.00
材料	B	B	件	2 000	2 000	250	500 000.00
材料	C	C	件	2 000	2 000	200	400 000.00
材料	D	D	件	2 000	2 000	100	200 000.00
合　计							2 000 000.00

负责人：　　　　经发：徐克　　　　保管：刘红　　　　填单：王丽

第三联　财务记账

业务指导：

生产产品领用原材料时，应由领料部门（生产车间）先填制领料单，领料部门填写请领数量，仓库保管员发料后再填写实发数量。领料单其中一联传递给财会部门。

本公司发出材料采用全月一次加权平均法核算，平时依据领料单逐笔登记材料明细账的发出数量。月末由财会部门根据领料单按材料领用部门和用途编制发料凭证汇总表，将其作为填制记账凭证的依据。

工作程序：

会计王丽根据审核无误的领料单登记"原材料明细账"的发出数量，并保管领料单的记账联。

10. 5日，收到北京华大公司偿还的前欠货款 50 000 元，存入银行，如单据 2-2-16 所示。

单据 2-2-16

中国工商银行 进 账 单（回 单）1

2008 年 6 月 5 日   1

签发人	全　　称	北京华大公司	收款人	全　　称	青岛皓翔科技有限公司
	账　　号	42045276341		账　　号	330987654321
	开户银行	工行海淀支行		开户银行	中国工商银行市南支行

人民币（大写）	伍万元整		千 百 十 万 千 百 十 元 角 分
		中国工商银行市南支行	￥ 5 0 0 0 0 0 0
票据种类		2008 年 6 月 5 日	
票据号码		转讫	

单位主管　会计　复核　记账　　　　　　　　开户银行签章

此联出票人开户银行交给出票人的回单

业务指导：

这张进账单表明本公司收到北京华大科技公司的款项。经查本月期初账簿资料，系收回该公司以前的货款。

工作程序：

（1）会计王丽审核原始凭证，并根据审核无误的原始凭证填制记账凭证。

（2）会计主管高明审核记账凭证。

（3）出纳员李欣根据记账凭证登记"银行存款日记账"。

（4）会计王丽根据记账凭证登记"应收账款明细账"。

11. 6日，开出转账支票支付上月职工工资 294 240 元，如单据 2-2-17 和单据 2-2-18 所示。

单据 2-2-17

青岛皓翔科技有限公司工资结算汇总表

2008 年 5 月 30 日

编号	部门	基本工资	津贴	奖金	缺勤应扣		应付工资	代扣款项		实发工资
					事假	迟到早退		代扣税款	其他代扣	
1	行政办公室	28 000.00	3 000.00	2 000.00	0.00	0.00	33 000.00	1 450.00		31 550.00
2	人力资源部	15 000.00	1 400.00	700.00	0.00	0.00	17 100.00	640.00		16 460.00
3	财务部	21 000.00	1 900.00	800.00	0.00	0.00	23 700.00	840.00		22 860.00
4	销售部	20 000.00	1 820.00	1 800.00	230.00	20.00	23 370.00	750.00		22 620.00
5	采购部	6 000.00	420.00	1 300.00	0.00	0.00	7 720.00	430.00		7 290.00
6	产品生产人员	155 700.00	2 800.00	25 000.00	270.00	20.00	183 210.00	1 170.00		182 040.00
7	车间管理人员	9 000.00	700.00	2 200.00	0.00	0.00	11 900.00	480.00		11 420.00
	合　计	254 700.00	12 040.00	33 800.00	500.00	40.00	300 000.00	5 760.00	0.00	294 240.00

审核：高明　　　　　　部门负责人：高明　　　　　　　　制表：张晶

单据 2-2-18

```
            中国工商银行
            转账支票存根

    支票号码    XII415135
    科    目
    对方科目
    签发日期    2008 年 6 月 6 日

    收款人：青岛皓翔科技有限公司

    金    额：¥294 240.00

    用    途：支付工资

    备    注

    单位主管            会计
```

业务指导：

工资结算单一般按车间、部门分别编制，每月一张。编制工资结算单时，根据考勤表、产量记录、职工工资卡、有关部门的扣款等各项目金额，从而确定每位职工的应付工资、代扣款项和实发金额。财会部门根据审核无误后的各车间、部门的工资结算单，汇总编制工资结算汇总表。

工作程序：

（1）会计王丽审核原始凭证，并根据审核无误的原始凭证填制记账凭证。

（2）会计主管高明审核记账凭证。

（3）会计王丽根据记账凭证登记"应付职工薪酬明细账"。

（4）出纳员李欣根据记账凭证登记"银行存款日记账"。

12. 6 日，转账支付印花税 2 000 元及滞纳金 200 元，如单据 2-2-19 所示。

业务指导：

税收通用缴款书一式六联。填好后，缴税单位在缴款书各联加盖银行印鉴，经税务局盖章后，由缴税单位会计人员到开户银行办理缴款。银行营业员加盖转讫章受理业务后，将第一联退还财会人员，据以作会计处理。

工作程序：

（1）会计王丽审核原始凭证，并根据审核无误的原始凭证填制记账凭证。

（2）会计主管高明审核记账凭证。

（3）会计王丽根据记账凭证登记"管理费用明细账"和"营业外支出明细账"。

（4）出纳员李欣根据记账凭证登记"银行存款日记账"。

13. 6 日，支付社会保险费 111 000 元，住房公积金 21 000 元，工会经费 6 000 元，个人所得税 5 760 元，如单据 2-2-20 至单据 2-2-22 所示。

中 华 人 民 共 和 国
税 收 通 用 缴 款 书
地

（20066）京地缴电 60493952 号

隶属关系：区

注册类型：有限责任公司　　　填发日期：2008 年 6 月 6 日　　　征收机关：青岛市征收局

缴款单位（个人）	代　码	05136368	预算科目	编　码	1020101（20066）
	全　称	青岛皓翔科技有限公司		名　称	其他印花税
	开户银行	中国工商银行市南支行		级　次	市级 100%
	账　号	330987654321		收缴国库	青岛市国库

| 税款所属时期 | 2008 年 05 月 01 日至 2008 年 05 月 31 日 | 税款限缴日期 | 2008 年 6 月 10 日 |

品　目名　称	课税数量	计税金额或销售收入	税率或单位税额	应缴税额	已缴或扣除额	实缴金额
印花税						2 000.00
滞纳金及罚款			中国工商银行市南支行 2008 年 6 月 6 日			200.00
金额合计（大写）人民币贰仟贰佰元整				转讫		¥2 200.00

| 缴款单位（个人）（盖章） | 填票人 周华种 王利生 | 上列款项已收妥并划转收款单位账户 | 备注 正常一般　社保批量转申报 |
| 经办人（章） | 长安里-07 | 国库（银行）盖章　　年　月　日 | 社保号：0277301 |

逾期不缴按税法规定加收滞纳金

无银行收讫章无效

第一联（收据）国库（经收处）收款盖章后退缴款单位（个人）作完税凭证

中 华 人 民 共 和 国
税 收 通 用 缴 款 书
地

（20066）京地缴电 60493952 号

隶属关系：区

注册类型：有限责任公司　　　填发日期：2008 年 6 月 6 日　　　征收机关：青岛市征收局

缴款单位（个人）	代　码	05136368	预算科目	编　码	1020101（20066）
	全　称	青岛皓翔科技有限公司		名　称	社保
	开户银行	中国工商银行市南支行		级　次	市级 100%
	帐　号	330987654321		收缴国库	青岛市国库

| 税款所属时期 | 2008 年 05 月 01 日至 2008 年 05 月 31 日 | 税款限缴日期 | 2008 年 6 月 10 日 |

品　目名　称	课税数量	计税金额或销售收入	税率或单位税额	应缴税额	已缴或扣除额	实缴金额
社会保险费			0.00 中国工商银行市南支行 2008 年 6 月 6 日			111 000.00
金额合计（大写）人民币壹拾壹万壹仟元整				转		¥111 000.00

| 缴款单位（个人）（盖章） | 填票人 周华种 长安里-07 | 上列款项已收妥并划转收款单位账户 | 备注 正常一般　社保批量转申报 |
| 经办人（章） | | 国库（银行）盖章　　年　月　日 | 社保号：0277301 |

逾期不缴按税法规定加收滞纳金

无银行收讫章无效

第一联（收据）国库（经收处）收款盖章后退缴款单位（个人）作完税凭证

单据 2-2-21

纳税人编码：420100000000028693

中华人民共和国
税收通用缴款书

（20061）京国缴 10411959 号　国

隶属关系：区

注册类型：有限责任公司　　　填发日期：2008 年 6 月 6 日　　征收机关：青岛市国家税务局市南所

缴款单位（个人）	代　码	6785012		预算科目	编　码	48600
	全　称	青岛皓翔科技有限公司			名　称	其他个人所得税
	开户银行	中国工商银行市南支行			级　次	中央60%市级40%
	账　号	330987654321		收缴国库		市南支库

税款所属时期　2008 年 05 月 01 日至 2008 年 05 月 31 日　　税款限缴日期　2008 年 6 月 10 日

品　目名　称	课税数量	计税金额或销售收入	税率或单位税额	已缴或扣除额	实缴金额
工资薪金所得				中国工商银行市南支行 2008.06.06	¥5 760.00
金额合计		（大写）人民币伍仟柒佰陆拾元整		转讫（1）	¥5 760.00
缴款单位（个人）（盖章）		税 务 机 关 3号（盖章）征税专用章	上列款项已收妥并划转收款单位账户	备注　一般申报　正常预缴	北京市长安区国家税务局计划征收科　度 X10411959 120006000001115069
经办人：		填票人：	国库（银行）盖章　年　月　日		

逾期不缴按税法规定加收滞纳金　　中日合资浙江莱织华印刷有限公司印制

无银行收讫章无效

第一联（收据）国库（经收处）收款盖章后退缴款单位（个人）作完税凭证

单据 2-2-22

纳税人编码：420100000000028693

中华人民共和国
税收通用缴款书

（20061）京国缴 10411959 号　国

隶属关系：区

注册类型：有限责任公司　　　填发日期：2008 年 6 月 6 日　　征收机关：青岛市国家税务局市南所

缴款单位（个人）	代　码	6785012		预算科目	编　码	48600
	全　称	青岛皓翔科技有限公司			名　称	其他个人所得税
	开户银行	中国工商银行市南支行			级　次	中央60%市级40%
	账　号	330987654321		收缴国库		市南支库

税款所属时期　2008 年 05 月 01 日至 2008 年 05 月 31 日　　税款限缴日期　2008 年 6 月 10 日

品　目名　称	课税数量	计税金额或销售收入	税率或单位税额	已缴或扣除额	实缴金额
工资薪金所得				中国工商银行市南支行 2008.06.06	¥5 760.00
金额合计		（大写）人民币伍仟柒佰陆拾元整		转讫（1）	¥5 760.00
缴款单位（个人）（盖章）		税 务 机 关 3号（盖章）征税专用章	上列款项已收妥并划转收款单位账户	备注　一般申报　正常预缴	北京市长安区国家税务局计划征收科　度 X10411959 120006000001115069
经办人：		填票人：	国库（银行）盖章　年　月　日		

逾期不缴按税法规定加收滞纳金　　中日合资浙江莱织华印刷有限公司印制

无银行收讫章无效

第一联（收据）国库（经收处）收款盖章后退缴款单位（个人）作完税凭证

业务指导：

社会保险费在省、自治区、直辖市的范围内由一个机构征收，具体征收机构由省、自治区、直辖市人民政府根据本地的实际情况确定，既可以由税务机关征收，也可以由劳动保障行政部门征收，但无论由税务机关征收还是由社会保险经办机构征收，在本省、自治区、直辖市范围内都必须是一个机构征收。社会保险费实行社会统筹和个人账户相结合的方式，社会保险费用由国家、单位和个人合理负担。单位缴纳的社会保险费在税前列支，职工个人缴纳的社会保险费不计征个人所得税。职工个人缴费全部计入个人账户；单位缴费一部分划入个人账户，单位缴纳的其余部分进社会统筹账户。

工作程序：

（1）会计王丽审核原始凭证，并根据审核无误的原始凭证填制记账凭证。

（2）会计主管高明审核记账凭证。

（3）会计王丽根据记账凭证登记"应付职工薪酬"。

（4）会计王丽根据记账凭证登记"应交税费明细账"。

（5）出纳员李欣根据记账凭证登记"银行存款日记账"。

14. 9日，支付上月未交增值税、城市维护建设税及教育费附加，如单据 2-2-23 和单据 2-2-24 所示。

单据 2-2-23

中 华 人 民 共 和 国
税 收 通 用 缴 款 书

隶属关系：区　　　　　　　　　　　　　　　　　　　　（20086）京地缴电 60493952 号

注册类型：有限责任公司　　　　填发日期：2008 年 6 月 9 日　　　征收机关：青岛市征收局

缴款单位（个人）	代　码	05136368			预算科目	编　码		
	全　称	青岛皓翔科技有限公司				名　称	社保	
	开户银行	中国工商银行市南支行				级　次	市级40%区级60%	
	帐　号	330987654321			收缴国库		青岛市国库	

税款所属时期	2008 年 05 月 01 日至 2008 年 05 月 31 日			税款限缴日期	2008 年 6 月 10 日	
品 目 名 称	课税数量	计税金额或销售收入	税率或单位税额	应缴税额	已缴或扣除额	实缴金额
城市维护建设税		200 650.00	7%	14 045.50	0	14 045.5
教育费附加		200 650.00	3%	6 019.5	0	6 019.5
金额合计（大写）人民币贰万零陆佰陆拾伍元整						¥20 065.00

缴款单位（个人）（盖章）	填票人 周华利	上列款项已收妥并划转收款单位帐户	备注
			正常一般　社保批量转申报
经办人（章）		国库（银行）盖章　　年　月　日	社保号：0277301

逾期不缴按税法规定加收滞纳金

单据 2-2-24

纳税人编码：420100000000028693

隶属关系：区

注册类型：有限责任公司　　　　填发日期：2008 年 6 月 9 日

中华人民共和国
税收通用缴款书

（20086）京国缴 10411959 号　国

征收机关：青岛市市南区国家税务局

缴款单位（个人）	代　码	6785012	预算科目	编　码	48600
	全　称	青岛皓翔科技有限公司		名　称	其他个人所得税
	开户银行	中国工商银行市南支行		级　次	中央75%市级25%
	帐　号	330987654321	收缴国库		市南

| 税款所属时期　2008 年 05 月 01 日至 2008 年 05 月 31 日 | 税款限缴日期　2008 年 6 年 10 日 |

品目名称	课税数量	计税金额或销售收入	税率或单位税额	已缴或扣除额	实缴金额
增值税		2 358 000.00	17%	￥200 210.00	￥200 650.00

| 金额合计 | （大写）人民币贰拾万零陆佰伍拾元整 | 中国工商银行市南支行 2008.06.09 | ￥200 650.00 |

| 缴款单位（个人）（盖章） | 税务机关（盖章专用章） | 上列款项已收妥并划转收款单位帐户 转讫（1） | 备注　一般申报　正常预缴 北京市长安区国家税务局 计划征收科　度 X10411959 120006000001115069 |
| 经办人： | 填票人： | 国库（银行）盖章　年　月　日 | |

逾期不缴按税法规定加收滞纳金　　中日合资浙江莱织华印刷有限公司印制

第一联（收据）国库（经收处）收款盖章后退缴款单位（个人）作完税凭证

无银行收讫章无效

业务指导：

　　增值税缴款书、城市维护建设税和教育费附加缴款书两张凭证都有银行加盖的"转讫"章，表明所付金额已由银行存款账户支付。凭证上所示的"税款所属期：2008 年 5 月 1 日至2008 年 5 月 31 日"表示企业缴纳的是上月的税费。在会计实务中，增值税交国税机关，城市维护建设税和教育费附加交地税机关。

　　工作程序：

　　（1）会计王丽审核原始凭证，并根据审核无误的原始凭证填制记账凭证。

　　（2）会计主管高明审核记账凭证。

　　（3）会计王丽根据记账凭证登记"应交税费——未交增值税"、"应交税费——应交城市维护建设税"、"应交税费——应交教育费附加"明细账。

　　（4）出纳员李欣根据记账凭证登记"银行存款日记账"。

　　15. 9 日，从青岛红剑文化用品公司，现金购买办公用品 1 000 元，如单据 2-2-25 和单据 2-2-26 所示。

单据 2-2-25

山东省增值税普通发票

142010623501
No. 02036895

购方单位：**青岛皓翔科技有限公司**　　　　　　　*2008 年 6 月 9 日*

品名及规格	货物或劳务名称	单位	数量	单价	金　额						
					万	千	百	十	元	角	分
档案盒		个	50	6.00		3	0	0	0	0	0
装订机		个	2	210.00		4	2	0	0	0	0
信笺		本	100	2.80		2	8	0	0	0	0
金额（大写）　　¥ 万 壹 仟 零 佰 零 拾 零 元 零 角 零 分 ¥1 000.00											
备注：											

开票单位盖章　　　复核人　　　　　　　收款人　　　　　开票人 **周芸**

②付款方报销凭证

单据 2-2-26

支 出 证 明 单

2006 年 6 月 9 日　　　　　　　　　　　附件共 *1* 张

支 出 科 目	摘　　要	金　额							缺乏正式单据之原因
		万	千	百	十	元	角	分	
购办公用品	购装订机等		1	0	0	0	0	0	
									现金付讫

合计人民币（大写）：¥ 万 壹 仟 零 佰 零 拾 零 元 零 角 零 分　¥1 000.00

核准：**王采刚**　　　复核：**高明**　　　证明人：**张利**　　　经手：**刘玉朋**

业务指导：

企业办公用品的报销，一般应先经部门负责人、财务部门负责人审核，企业"财务一支笔"审批后交由出纳员办理报销支付现金手续。

工作程序：

（1）会计王丽审核原始凭证，并根据审核无误的原始凭证填制记账凭证。

（2）会计主管高明审核记账凭证。

（3）会计王丽根据记账凭证登记"管理费用明细账"。

（4）出纳员李欣根据记账凭证登记"库存现金日记账"。

16. 9 日从青岛密云纸箱厂购买纸箱 800 个，单价 6.5 元，增值税 884 元。开出工行转账支票一张，如单据 2-2-27 至单据 2-2-30 所示。

单据 2-2-27

山东省增值税专用发票

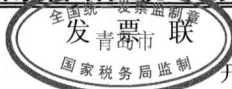

抵 扣 联　　　　　　　No. 04838848

开票日期：*2008* 年 *6* 月 *9* 日

<table>
<tr><td rowspan="5">购货单位</td><td colspan="2">名　称：青岛皓翔科技有限公司</td><td rowspan="5">密码区</td><td rowspan="5">245687478/>+<1248<-<　加密版本：01
*+—457-</148<-22-45　8641516972
*-4-78>879458136845<7+0　14785412
9/92/279>>->98>><1　478131</td></tr>
<tr><td colspan="2">纳税人识别号：201256784567890</td></tr>
<tr><td colspan="2">地址、电话：青岛市市南区中山路168号</td></tr>
<tr><td colspan="2">开户行及账号：中国工商银行市南支行</td></tr>
<tr><td colspan="2">330987654321</td></tr>
</table>

<table>
<tr><td>货物或应税劳务名称</td><td>规格型号</td><td>单位</td><td>数量</td><td>单价</td><td>金额</td><td>税率</td><td>税额</td></tr>
<tr><td>包装物</td><td></td><td></td><td></td><td></td><td>5 200.00</td><td>17%</td><td>884.00</td></tr>
<tr><td>合　计</td><td></td><td></td><td></td><td></td><td>¥5 200.00</td><td>17%</td><td>884.00</td></tr>
<tr><td>价税合计（大写）</td><td colspan="4">陆仟零捌拾肆元整</td><td colspan="3">（小写）6 084.00</td></tr>
</table>

<table>
<tr><td rowspan="5">销货单位</td><td colspan="2">名　称：青岛密云纸箱厂</td><td rowspan="5">备注</td></tr>
<tr><td colspan="2">纳税人识别号：420563426735637</td></tr>
<tr><td colspan="2">地址、电话：青岛市北密云路3号</td></tr>
<tr><td colspan="2">开户行及账号：工商银行密云支行</td></tr>
<tr><td colspan="2">42045276341</td></tr>
</table>

发票专用章

收款人：　　　　　复核：　　　　　开票人：剑叶

第一联　抵扣联　购货方抵扣凭证

单据 2-2-28

山东省增值税专用发票

发 票 联　　　　　　　No. 04838848

开票日期：*2008* 年 *6* 月 *9* 日

<table>
<tr><td rowspan="5">购货单位</td><td colspan="2">名　称：青岛皓翔科技有限公司</td><td rowspan="5">密码区</td><td rowspan="5">245687478/>+<1248<-<　加密版本：01
*+—457-</148<-22-45　8641516972
*-4-78>879458136845<7+0　14785412
9/92/279>>->98>><1　478131</td></tr>
<tr><td colspan="2">纳税人识别号：201256784567890</td></tr>
<tr><td colspan="2">地址、电话：山东省青岛市市南区中山路168号</td></tr>
<tr><td colspan="2">开户行及账号：中国工商银行市南支行</td></tr>
<tr><td colspan="2">330987654321</td></tr>
</table>

<table>
<tr><td>货物或应税劳务名称</td><td>规格型号</td><td>单位</td><td>数量</td><td>单价</td><td>金额</td><td>税率</td><td>税额</td></tr>
<tr><td>纸箱</td><td></td><td></td><td></td><td></td><td>5 200.00</td><td>17%</td><td>884.00</td></tr>
<tr><td>合　计</td><td></td><td></td><td></td><td></td><td>¥5 200.00</td><td>17%</td><td>884.00</td></tr>
<tr><td>价税合计（大写）</td><td colspan="4">陆仟零捌拾肆元整</td><td colspan="3">（小写）6 084.00</td></tr>
</table>

<table>
<tr><td rowspan="5">销货单位</td><td colspan="2">名　称：青岛密云纸箱厂</td><td rowspan="5">备注</td></tr>
<tr><td colspan="2">纳税人识别号：420563426735637</td></tr>
<tr><td colspan="2">地址、电话：青岛市密云路3号</td></tr>
<tr><td colspan="2">开户行及账号：工商银行密云支行</td></tr>
<tr><td colspan="2">42045276341</td></tr>
</table>

全国统一发票监制章 青岛市 国家税务局监制

青岛密云纸箱厂 发票专用章

收款人：　　　　复核：　　　　开票人：剑叶　　　　销货单位：（章）

第二联　发票联　购货方记账凭证

单据 2-2-29

收 料 单

收料部门：仓库　　　　　　　2008 年 6 月 9 日　　　　　　　专字　第 5 号

种类	编号	名称	规格	数量	单位	单价	成本总额									
							千	百	十	万	千	百	十	元	角	分
周转材料		纸箱		800	个	6.50					5	2	0	0	0	0
备注										¥	5	2	0	0	0	0

负责人：张丽　　　　　记账：王丽　　　　　验收：张一华　　　　　填单：刘红

单据 2-2-30

```
            中国工商银行
            转账支票存根

支票号码    XII415136
科    目
对方科目
签发日期    2008 年 6 月 9 日
┌─────────────────────────┐
│ 收款人：青岛密云纸箱厂      │
├─────────────────────────┤
│ 金    额：¥6 084.00        │
├─────────────────────────┤
│ 用    途：支付购料款        │
├─────────────────────────┤
│ 备    注                   │
├─────────────────────────┤
│ 单位主管        会计        │
└─────────────────────────┘
```

业务指导：

根据本公司生产经营特点，纸箱属于包装物品，应列为"周转材料"科目进行核算。

工作程序：

（1）会计王丽审核原始凭证，并根据审核无误的原始凭证填制记账凭证。

（2）会计主管高明审核记账凭证。

（3）会计王丽根据记账凭证登记"周转材料明细账"。

（4）会计王丽登记"应交税费—应交增值税明细账"。

（5）出纳员李欣根据记账凭证登记"银行存款日记账"。

17. 10 日，报销本月业务招待费 8 000 元，签发转账支票一张，如单据 2-2-31 和单据 2-2-32 所示。

单据 2-2-31

青岛市服务业发票

发 票 联

发票代码：24201067171

发票号码：01192501

付款单位（个人）**青岛皓翔科技有限公司**　　　　　开票日期 *2008* 年 *6* 月 *10* 日

经营项目	单位	数量	单价	金　额							
				十万	千	百	十	元	角	分
餐饮、娱乐等					8	0	0	0	0	0

金额大写（人民币合计）： 拾 ¥ 万 捌 仟 零 佰 零 拾 零 元 零 角 零 分

收款单位（盖发票专用章有效）　　　　　开票人：**周利兵**

单据 2-2-32

中国工商银行

转账支票存根

支票号码　XII415137

科　目

对方科目

签发日期　*2008* 年 *6* 月 *10* 日

收款人：	
金　额：	¥8 000.00
用　途：	**支付业务招待费**
备　注	
单位主管　　　　会计	

工作程序：

（1）会计王丽审核原始凭证，并根据审核无误的原始凭证填制记账凭证。

（2）会计主管高明审核记账凭证。

（3）会计王丽根据记账凭证登记"管理费用明细账"。

（4）出纳员李欣根据记账凭证登记"银行存款日记账"。

18. 10日，用转账支票支付财产保险费 1 080 元，如单据 2-2-33 和单据 2-2-34 所示。

单据 2-2-33

中国太平洋保险公司保险费发票

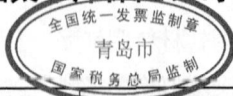

2008 年 *6* 月 *10* 日填制

发票代码：246158101564

发票代码：00061254

交款人	**青岛皓翔科技有限公司**	付款方式	**支票**
交款事由	**财产保险费**	保险单号	**48795**
金额（大写）人民币**壹仟零捌拾元整**			
盖章：			
会计主管	记账	审核	出纳	经办 **李丽**

财务专用章

第二联 客户联

单据 2-2-34

中国工商银行
转账支票存根

支票号码　XII415138
科　　目
对方科目
签发日期　*2008 年 6 月 10 日*

收款人：
金　额：¥1 080.00
用　途：**支付财产保险费**
备　注
单位主管　　　　　会计

工作程序：

（1）会计王丽审核原始凭证，并根据审核无误的原始凭证填制记账凭证。

（2）会计主管高明审核记账凭证。

（3）会计王丽根据记账凭证登记"管理费用明细账"。

（4）出纳员李欣根据记账凭证登记"银行存款日记账"。

19. 11 日，职工王某报销培训费 800 元，以现金支付，如单据 2-2-35 和单据 2-2-36 所示。

单据 2-2-35

青岛市行政事业性收费统一发票

青岛市
票据监督章

发票号码：8479542

收费日期：*2008 年 6 月 11 日*

交费单位或个人	**青岛皓翔科技有限公司**		收费许可证字号							85	
收费项目	收费标准		金　额							备注	
			万	千	百	十	元	角	分		
培训费	*800*				8	0	0	0	0		第二联
											发票联
	计			¥	8	0	0	0	0		
人民币合计：（大写）财务专用章 零 仟 捌 佰 零 拾 零 元 零 角 零 分											

青岛市职工培训中心

收费单位（公章）　　　　　　　负责人：　　　　　开票人：**周文**

单据 2-2-36

支 出 证 明 单

2008年 6 月 11 日   附件共 1 张

支 出 科 目	摘　　　要	金　　额							缺乏正式单据之原因
		万	千	百	十	元	角	分	
培训费	支付培训费		8	0	0	0	0		
									现金付讫
合计人民币（大写）：¥ 万 零 仟 捌 佰 零 拾 零 元 零 角 零 分　¥800.00									

核准：王采刚　　　　　复核：高明　　　　　证明人：张利　　　　　经手：刘明

工作程序：

（1）会计王丽审核原始凭证，并根据审核无误的原始凭证填制记账凭证。

（2）会计主管高明审核记账凭证。

（3）会计王丽根据记账凭证登记"管理费用明细账"。

（4）出纳员李欣根据记账凭证登记"银行存款日记账"。

20. 11日，向武汉某公司赊销甲产品1 100件，单价500元，增值税17%，货已发出，款未收，如单据2-2-37和单据2-2-38所示。

单据 2-2-37

山东省增值税专用发票

此联不作报销、扣款凭证使用　　　　　　　　　　　No. 001785962

开票日期：*2008年 6 月 11 日*

购货单位	名　称：武汉海宏有限责任公司 纳税人识别号：42015763245136 地址、电话：武汉市中华路302号 87674588 开户行及账号：工行中华路支行 42064569612	密码区	58687478/>+<1248<-< 加密版本：01 *+--457-</148<-22-45　4589216972 *-3-65>879458136845<7+0　12455412 8/56/145>>->98>><1　478131

货物或应税劳务名称	规格型号	单位	数量	单价	金额	税率	税额
甲产品			1 100	500.00	550 000.00	17%	93 500.00
合　计					550 000.00	17%	93 500.00
价税合计（大写）： 陆拾肆万叁仟伍佰元整					（小写）¥643 500.00		

销货单位	名　称：青岛皓翔科技有限公司 纳税人识别号：201256784567890 地址、电话：青岛市南区中山路168号 开户行及账号：中国工商银行市南支行 330987654321	备注	

收款人：　　　　　复核：　　　　　开票人：周云丽　　　　　销货单位：（章）

第三联 记账联 销货方记账凭证

单据 2-2-38

出 库 单

发货仓库：*仓库*　　　　　　　　　　　　　　　　　　第　号

提货单位：*武汉海宏有限责任公司*　　　　　　　　　　*2008年 6 月 11 日*

类别	编号	名 称 型 号	单位	应发数量	实发数量	单位成本	金　额
产品	*D02*	*甲产品*	*台*	*1 100*	*1 100*		
	合　计						

负责人：　　　经发：　　　　保管：*黄改云*　　　　填单：

业务指导：

　　增值税专用发票第三联是记账联，是公司销货凭证。产品出库单一般由仓库保管员根据"销售产品发货单"填制，须销售部门、仓库管理员双方签章。产品出库单一般一式三联，一联留在仓库作为登记库存商品明细账数量的依据，一联交给销售部门备查，一联（记账联）交财会部门记账。本业务没有提供银行的结算凭证，表明款项未结算，是赊销。

　　工作程序：

　　（1）会计王丽审核原始凭证，并根据审核无误的原始凭证填制记账凭证。

　　（2）会计主管高明审核记账凭证。

　　（3）会计王丽根据记账凭证登记"应收账款明细账"。

　　（4）会计王丽根据记账凭证登记"主营业务收入明细账"。

　　（5）会计王丽根据记账凭证登记"应交税费——应交增值税明细账"。

　　21. 12 日，经批准，将一笔无法支付的应付账款 6 000 元，按规定程序转销，如单据 2-2-39 所示。

单据 2-2-39

青岛皓翔科技有限公司

关于同意转销无法支付前欠货款的批复

财务部：

　　你部《关于转销无法支付前欠深圳天意商贸公司货款的请示》已经收悉。经核实，所述该公司已经破产倒闭事实属实，根据有关财务制度的规定，同意将该应付账款 6 000 元（人民币陆仟元整）转作营业外收入。请按照相关财务制度进行账务处理。

　　特此批复。

　　　　　　　　　　　　　　　　　　青岛皓翔科技有限公司
　　　　　　　　　　　　　　　　　　公司董事会
　　　　　　　　　　　　　　　　　　（盖章）

　　　　　　　　　　　　　　　　　　2008-6-12

业务指导：

企业会计准则规定企业由于非日常活动产生的经济利益的流入，应作为"利得"处理，"利得"包括"资本公积"和"营业外收入"。对于债务人无法支付债务，企业应作为营业外收入处理。

工作程序：

（1）会计王丽审核原始凭证，并根据审核无误的原始凭证填制记账凭证。

（2）会计主管高明审核记账凭证。

（3）会计王丽根据记账凭证登记"应付账款明细账"。

（4）会计王丽根据记账凭证登记"营业外收入"。

22. 12日，领用材料，基本生产车间领用 17 000 件，车间领用 40 件，管理部门领用 20 件，销售部门领用 20 件，如单据 2-2-40 至单据 2-2-42 所示。

单据 2-2-40

领 料 单

发货仓库：仓库　　　　　　　　　　　　　　　　　　　　　　　　　第 1 号

领料部门：基本生产车间　　　　　　　　　　　　　　　　　2008 年 6 月 12 日

类别	编号	名称型号	单位	应发数量	实发数量	单位成本	金额
辅料	H01	螺丝	个	17 040	17 040	0.5	8 520.00
合　　计							8 520.00

负责人：　　　　　经发：徐克　　　　　保管：黄改云　　　　　填单：刘胜

第三联　财务记账

单据 2-2-41

领 料 单

发货仓库：仓库　　　　　　　　　　　　　　　　　　　　　　　　　第 1 号

领料部门：管理部门　　　　　　　　　　　　　　　　　　2008 年 6 月 12 日

类别	编号	名称型号	单位	应发数量	实发数量	单位成本	金额
辅料	H01	螺丝	个	20	20	0.5	10.00
合　　计							10.00

负责人：　　　　　经发：徐克　　　　　保管：黄改云　　　　　填单：刘胜

第三联　财务记账

单据 2-2-42

领　料　单

发货仓库：**仓库**　　　　　　　　　　　　　　　　　　　　第 **1** 号

领料部门：**销售部门**　　　　　　　　　　　　　　　　　2008 年 6 月 12 日

类别	编号	名称型号	单位	应发数量	实发数量	单位成本	金额
辅料	H01	螺丝	个	20	20	0.5	10.00
合　　计							10.00

负责人：　　　　　经发：**徐克**　　　　　保管：**黄改云**　　　　　填单：**刘胜**

业务指导：

本公司采用加权平均法计算发出材料的实际成本。平时，会计人员根据各种领料单据，在材料明细账中计算登记材料发出和结存的数量，不登记单价和金额，期末计算确定材料的加权平均单价后再确定发出材料的金额。因此领用材料时无需作结转领用材料成本的账务处理。

工作程序：

会计王丽根据审核无误的领料单登记"原材料明细账"的发出数量，并保管领料单的记账联。

23. 13 日，李明出差归来报销差旅费 1 500 元，如单据 2-2-43 和单据 2-2-44 所示。

单据 2-2-43

差 旅 费 报 销 单

2008 年 6 月 13 日　　　　　　　　　　　　单据张数 **6** 张

姓名 **李明**　　　部门 **市场部**　　　出差事由 **西安出差**

起止日期				起止地点	火车费	市内车费	住宿费	途中伙食补助			住勤费		其他
月	日	月	日					标准	天数	金额	天数	金额	
6	6	6	7	武汉—西安	126.00	148.00	450.00	60.00	5.0	300.00	5.00	350.00	
6	10	6	11	西安—武汉	126.00								
		合　计			252.00	148.00	450.00	60.00	5.00	300.00	5.00	350.00	

人民币（大写）**壹仟伍百元整**　　　　　　应退（补）：/

审核：**王政**　　　部门主管：**刘一明**　　　财务主管：**高明**

单据 2-2-44

收 款 收 据

2008 年 6 月 13 日　　　　　　编号：154798

交款人（单位）	李明									
摘　要	报销差旅费		万	千	百	十	元	角	分
金额（大写）	人民币壹仟五佰元整		￥	1	5	0	0	0	0

（财务专用章 青岛皓翔科技有限公司）

主管 高明　　　　　　　会计 王丽　　　　　　　出纳：李欣

业务指导：

　　企业差旅费应列作管理费用。

工作程序：

（1）会计王丽审核原始凭证，并根据审核无误的原始凭证填制记账凭证。

（2）会计主管高明审核记账凭证。

（3）会计王丽根据记账凭证登记"管理费用明细账"。

（4）会计王丽登记"其他应收款明细账"。

24. 13 日，向武汉某公司销售甲产品一批，货款 100 000 元，增值税 17 000 元，收到期限 30 天的商业汇票，如单据 2-2-45 至单据 2-2-47 所示。

单据 2-2-45

山东省增值税专用发票

此联不作报销、扣款凭证使用　　　　　　No. 001785962

（全国统一发票监制章 山东省 国家税务局监制）　　开票日期：2008 年 6 月 13 日

第三联 记账联 销货方记账凭证

购货单位	名　称：武汉九头鸟公司 纳税人识别号：320105783624167 地址、电话：武汉市江大路2号 84667188 开户行及账号：建行江大支行 3205637123		密码区	458687478/>+<1248<-< 加密版本：01 *+--457-</148<-22-45　4589216972 *-3-65>879458136845<7+0　12455412 8/56/145>>->98>><1　478131

货物或应税劳务名称	规格型号	单位	数量	单价	金额	税率	税额
靓爽牌电吹风		台	200	500.00	100 000.00	17%	17 000.00
合　计					100 000.00	17%	17 000.00
价税合计（大写）	壹拾壹万柒仟元整				（小写）￥117 000.00		

销货单位	名　称：青岛皓翔科技有限公司 纳税人识别号：201256784567890 地址、电话：青岛市市南区中山路168号 开户行及账号：中国工商银行市南支行 330987654321		备注	

收款人：　　　　　复核：　　　　　开票人：周云丽　　　　　销货单位：（章）

单据 2-2-46

出 库 单

发货仓库：仓库

第　号

提货单位：武汉九头鸟公司

2008 年 6 月 13 日

类别	编号	名 称 型 号	单位	应发数量	实发数量	单位成本	金 额
产品	*D02*	*靓爽牌电吹风D0022*	*台*	*200*	*200*		
		合　计					

负责人：　　　　　经发：　　　　　保管：*黄政云*　　　　　填单：

单据 2-2-47

商 业 承 兑 汇 票（卡片）

2

汇票号码

出票日期
（大写）　**贰零零捌年零陆月壹拾叁日**

第 XI025 号

付款人	全　称	武汉九头鸟公司			收款人	全　称	青岛皓翔科技有限公司		
	账　号	3205637123				账　号	330987654321		
	开户银行	建行江大支行	行号	34256		开户银行	工行市南支行	行号	67238

出票金额	人民币 （大写）	壹拾壹万柒仟元整	千	百	十	万	千	百	十	元	角	分
				¥	1	1	7	0	0	0	0	0

汇票到期日		交易合同号码	
本汇票已经承兑，到期无条件支付票款		本汇票请予以承兑并到期付款	

承兑人签章

承兑日期　2008 年 8 月 13 日

汇票专用章

出票人签章

业务指导：

企业销售商品取得武汉九头鸟公司交给本公司的承兑汇票，说明未收到货款，应列作应收票据。

工作程序：

（1）会计王丽审核原始凭证，并根据审核无误的原始凭证填制记账凭证。

（2）会计主管高明审核记账凭证。

（3）会计王丽根据记账凭证登记应收票据明细账。

（4）会计王丽根据记账凭证登记"主营业务收入明细账"。

（5）会计王丽根据记账凭证登记"应交税费——应交增值税明细账"。

25. 13 日，基本生产车间为生产领用纸箱 500 个，车间一般耗用 10 个，如单据 2-2-48 所示。

单据 2-2-48

<h1 style="text-align:center">领　料　单</h1>

发货仓库：仓库　　　　　　　　　　　　　　　　　　　　　　　　第 1 号

领料部门：基本生产车间　　　　　　　　　　　　　　　　　2008 年 6 月 13 日

类别	编号	名称型号	单位	应发数量	实发数量	单位成本	金额
纸箱			个	510	510	6.50	3 315.00
合　　计							3 315.00

第三联　财务记账

负责人：　　　　　经发：　　　　　　　保管：　　　　　　　填单：

业务指导：

本业务领用的纸箱应作为"周转材料"处理。

工作程序：

会计王丽根据审核无误的领料单登记"周转材料"明细账的发出数量，并保管领料单的记账联。

26. 16 日，向江苏某公司销售甲产品一批，货款 600 000 元，增值税 17%，收到银行汇票一张，送存银行，如单据 2-2-49 至单据 2-2-52 所示。

单据 2-2-49

<h2 style="text-align:center">山东省增值税专用发票</h2>

此联不作报销、扣款凭证使用　　　　　　　　　　No. 001785962

开票日期：2008 年 6 月 16 日

购货单位	名　称：江苏泰和有限责任公司　　纳税人识别号：320105783624167　　地址、电话：南京市青年路 302 号 84674589　　开户行及账号：建行青年路支行 3205637123		密码区	458687478/>+<1248<-<　加密版本：01 *+—457-</148<-22-45　4589216972 *-3-65>879458136845<7+0　12455412 8/56/145>>->98>><1　478131		

货物或应税劳务名称	规格型号	单位	数量	单价	金额	税率	税额
靓爽牌电吹风		台	1 200	500.00	600 000.00	17%	102 000.00
合　计					600 000.00	17%	102 000.00
价税合计（大写）	柒拾万零贰仟元整				（小写）¥702 000.00		

销货单位	名　称：青岛皓翔科技有限公司　　纳税人识别号：201256784567890　　地址、电话：青岛市市南区中山路 168 号　　开户行及账号：中国工商银行市南支行 330987654321		备注

第三联　记账联　销货方记账凭证

收款人：　　　　　复核：　　　　　开票人：周云丽　　　　　销货单位：（章）

单据 2-2-50

付款期限
壹 个 月

⊞ 中国工商银行

银 行 汇 票   2

汇票号码 25789
第 **3** 号

出票日期
（大写）　**贰零零捌** 年 **陆** 月 **壹拾陆** 日　　代理付款行：**建行青年路支行**　行号：**21035021568**

收款人：**青岛皓翔科技有限公司**		账号：330987654321											
出票金额	人民币（大写）　　**柒拾万零贰仟元整**												

实际结算金额	人民币（大写）　**柒拾万零贰仟元整**	千	百	十	万	千	百	十	元	角	分
		¥	7	0	2	0	0	0	0	0	0

申请人：**江苏泰和公司**　　　　账号或住址：**32056237123**

出票行：**工行青年路支行**　　　　行号：

备　注：_____

凭票付款
（中国工商银行　青岛　汇票专用章）

出票行签章

密押									科目（借）_____
多余金额									对方科目（贷）_____
									兑付日期：　年　月　日
千	百	十	万	千	百	十	元	角	分
									复核　　　　　记账

此联代理付款行付款后作联行往账借方凭证附件

单据 2-2-51

付款期限
壹 个 月

⊞ 中国工商银行

银 行 汇 票（解讫通知）3

汇票号码
第　号

出票日期
（大写）　**贰零零捌** 年 **陆** 月 **壹拾陆** 日　　代理付款行：**建行青年路支行**　行号：**21035021568**

收款人：**青岛皓翔科技有限公司**		账号：330987654321
出票金额	人民币（大写）　　**柒拾万零贰仟元整**	

实际结算金额	人民币（大写）　**柒拾万零贰仟元整**	千	百	十	万	千	百	十	元	角	分
		¥	7	0	2	0	0	0	0	0	0

申请人：**江苏泰和公司**　　　　账号或住址：**32056237123**

出票行：**建行青年路支行**　　　　行号：

备　注：_____

代理付款行盖章

密押									科目（借）_____
多余金额									对方科目（贷）_____
									转账日期　　年　月
千	百	十	万	千	百	十	元	角	分
复核　　　　经办									复核　　　　　记账

余额贷方凭证 此联代理付款行兑付后随报单寄出票行，由出票行作

单据 2-2-52

中国工商银行 进 账 单（回 单）1

2008 年 6 月 16 日　　　　　第　　号

签发人	全　称	江苏泰和公司	收款人	全　称	青岛皓翔科技有限公司	此联出票人开户银行交给出票人的回单
	账　号	32056237123		账　号	330987654321	
	开户银行	建行青年路支行		开户银行	工商银行市南支行	

| 人民币（大写） | 柒拾万零贰仟元整 | | 千 | 百 | 十 | 万 | 千 | 百 | 十 | 元 | 角 | 分 |
| | | | | ¥ | 7 | 0 | 2 | 0 | 0 | 0 | 0 | 0 |

中国工商银行市南支行
2008 年 6 月 16 日
转讫

| 票据种类 | 转账支票 | 票据张数 | 1张 |
| 票据号码 | N158964 | | |

单位主管　　会计　　复核　　记账　　　　　　　　开户银行签章

业务指导：

本公司作为持票人（收款人）应将出票人交来的第二联银行汇票和第三联解讫通知，转到公司的开户银行（代理付款行），填制二联式进账单办理进账手续。代理付款行接到在本行开立账户的持票人直接交来的汇票、解讫通知和二联进账单时，经审查后，将第一联进账单上加盖转讫章作收账通知交给持票人，解讫通知加盖转讫章随联行借方报单寄给出票行。

工作程序：

（1）会计王丽审核原始凭证，并根据审核无误的原始凭证填制记账凭证。

（2）会计主管高明审核记账凭证。

（3）出纳员李欣根据记账凭证登记银行存款日记账。

（4）会计王丽根据记账凭证登记主营业务收入明细账。

（5）会计王丽登记应交税费——应交增值税明细账。

27. 16 日，从北京华大公司购入材料一批，价款 140 000 元，增值税 17%，开出转账支票支付货款，材料已验收入库，如单据 2-2-53 至单据 2-2-56 所示。

单据 2-2-53

| 中国工商银行 |
转账支票存根
支票号码　XⅡ415140
科　　目
对方科目
签发日期　2008 年 6 月 16 日
收款人：北京华大公司
金　额：¥163 800.00
用　途：购材料
备　注
单位主管　　　　　会计

单据 2-2-54

北京市增值税专用发票

发票联　　　　　　　No. 04838848

开票日期：*2008* 年 *6* 月 *16* 日

购货单位	名　　　称：*青岛皓翔科技有限公司* 纳税人识别号：*201256784567890* 地址、电话：*青岛市市南区中山路168号* 开户行及账号：*中国工商银行市南支行* 　　　　　　*330987654321*	密码区	245687478/>+<1248<-< 加密版本：01 *+—457-</148<-22-45 8641516972 *-4-78>879458136845<7+0 14785412 9/92/279>>->98>><1 478131

货物或应税劳务名称	规格型号	单位	数量	单价	金额	税率	税额
材料					*140 000.00*	17%	*23 800.00*
合　　计					¥*140 000.00*	17%	*23 800.00*
价税合计（大写）	*壹拾陆万叁仟捌佰元整*				（小写）*163 800.00*		

销货单位	名　　　称：*北京华大公司* 纳税人识别号：*420563426735637* 地址、电话：*北京市北大路223号* 开户行及账号：*工商银行朝阳支行* 　　　　　　*42045276341*	备注 发票专用章	

收款人：　　　　复核：　　　　开票人：*刘叶*　　　　销货单位：（章）

单据 2-2-55

北京市增值税专用发票

抵　扣　联　　　　　　　No. 04838848

开票日期：*2008* 年 *6* 月 *4* 日

购货单位	名　　　称：*青岛皓翔科技有限公司* 纳税人识别号：*201256784567890* 地址、电话：*青岛市市南区中山路168号* 开户行及账号：*中国工商银行市南支行* 　　　　　　*330987654321*	密码区	245687478/>+<1248<-< 加密版本：01 *+—457-</148<-22-45 8641516972 *-4-78>879458136845<7+0 147854 9/92/279>>->98>><1 478131

货物或应税劳务名称	规格型号	单位	数量	单价	金额	税率	税额
材料					*140 000.00*	17%	*23 800.00*
合　　计					¥*140 000.00*	17%	*23 800.00*
价税合计（大写）	*壹拾陆万叁仟捌佰元整*				（小写）*163 800.00*		

销货单位	名　　　称：*北京华大公司* 纳税人识别号：*420563426735637* 地址、电话：*北京市北大路223号* 开户行及账号：*工商银行朝阳支行* 　　　　　　*42045276341*	备注	

收款人：　　　　复核：　　　　开票人：*刘叶*

第二篇　综合模拟实训

单据 2-2-56

收 料 单

入库部门：仓库　　　　　　　　2008 年 6 月 16 日　　　　　专字　第 5 号

种类	编号	名称	规格	数量	单位	单价	成本总额									
							千	百	十	万	千	百	十	元	角	分
材料	A	A		560	件	250.00				1	4	0	0	0	0	0
备注							¥	1	4	0	0	0	0	0	0	0

第三联　财务记账

负责人：张丽　　　　记账：王丽　　　　验收：张一华　　　　填单：刘红

工作程序：

（1）会计王丽审核原始凭证，并根据审核无误的原始凭证填制记账凭证。

（2）会计主管高明审核记账凭证。

（3）会计王丽根据记账凭证登记"原材料明细账"。

（4）会计王丽登记"应交税费—应交增值税明细账"。

（5）出纳员李欣根据记账凭证登记"银行存款日记账"。

28．17 日，以转账支票支付电话费 1 632 元，如单据 2-2-57 和单据 2-2-58 所示。

单据 2-2-57

中国电信青岛分公司结算凭证

发票代码：142010662085

开票日期：2008 年 6 月 17 日　　　　　　　　　　　发票号码：18511385

付款方	全　称	青岛皓翔科技有限公司		收款方	全　称								
	账号或地址				账　号								
	开户银行		行号		开户银行								
收费金额人民币（大写）	币壹仟陆拾贰律元叁角陆分					十万	千	百	十	元	角	分	
							¥	1	6	3	2	3	6
款项性质	200604 月份电信业务费用		合同号码	37762620		附寄单证张数		一张					

备注：业务号码：84675369

固话/PHS 月租旨 25.00　　市话费 1600.52　　功能使用费 6.00　　　　　0.84

实收款：1 632.00　　　　　　本期余额 0.48

单位主管：　　　　会计：　　　　复核：　　　　记账：　　　　（收款单位盖发票专用章有效）

批准字号：0004、01、4201、149050-335050

单据 2-2-58

中国工商银行
转账支票存根

支票号码　XII415141
科　　目
对方科目
签发日期　*2008 年 6 月 17 日*

收款人：	**青岛市电信公司**
金　额：	**¥1 632.00**
用　途：	**购材料**
备　注	
单位主管　　　　会计	

业务指导：

企业缴纳的通信费用应列作管理费用。

工作程序：

（1）会计王丽审核原始凭证，并根据审核无误的原始凭证填制记账凭证。

（2）会计主管高明审核记账凭证。

（3）会计王丽根据记账凭证登记"管理费用明细账"。

（4）出纳员李欣根据记账凭证登记"银行存款日记账"。

29. 17 日，企业持有的银行承兑汇票到期，收到票据款 160 000 元，如单据 2-2-59 所示。

单据 2-2-59

第 XI036511 号

委托收款 凭证（收账通知）　　委托号码

电邮

委托日期 *2008 年 6 月 17 日* 　**4**　　付款期限　年　月　日

付款人	全　称	**吉林长发公司**	收款人	全　称	**青岛皓翔科技有限公司**									
	账　号或地址	*68325420778*		账　号	*330987654321*									
	开户银行	**工行南门支行**		开户银行	**市南支行**		行号							

| 委收金额 | 人民币（大写） | **壹拾陆万元整** | | | 千 | 百 | 十 | 万 | 千 | 百 | 十 | 元 | 角 | 分 |
| | | | | | | ¥ | 1 | 6 | 0 | 0 | 0 | 0 | 0 | 0 |

| 款项内容 | 货款 | | 委托收款凭据名称 | **银行承兑汇票** | 附寄单证张数 | |

| 备注： | 上列款项 1. 以全部划回收人你方账户 2. 全部未收到 |

单位主管　会计　复核　记账　付款人开户银行收到日期　年　月　日 支付日期　年　月　日

此联收款人开户银行在款项收妥后给收款人的收账通知

131

业务指导：

银行承兑汇票到期时，持票人应在提示付款期限内填制一式五联的委托收款凭证，连同汇票送交银行，委托开户银行向付款人收款。付款人收到银行转来的委托收款付款通知后，应在规定日期及时付款。

工作程序：

（1）会计王丽审核原始凭证，并根据审核无误的原始凭证填制记账凭证。

（2）会计主管高明审核记账凭证。

（3）出纳员李欣根据记账凭证登记"银行存款日记账"。

（4）会计王丽根据记账凭证登记"应收票据明细账"。

30. 18日，收到银行委托付款通知，支付电费1 000元和水费1 995元，如单据2-2-60至单据2-2-62所示。

单据2-2-60

青岛市电力公司普通电费发票

发 票 联

发票代码 142010662085

户号：0004000733   收款日期 2008年 6 月 18 日   发票号码 04976922

户名	青岛皓翔科技有限公司				地址	青岛市市南区中山路168号		
款项性质	电费：2008年6月				代收机构			
用电信息及收费详情		平段	峰段	谷段	无功	其他收费项目	单价	金额
	止码	58686				还贷基金	0.0200	36.22
	起码	60688				可再生能源	0.0010	1.81
	倍率	1				城镇附加	0.0100	18.17
	计费电量	1382.9				网维护	0.0188	34.05
	电价	0.6464	1.1635	0.1303		国家后扶	0.0083	15.03
	电费	893.87				省级后扶	0.0005	0.91
合计金额（大写）：壹仟元整						合计金额（小写）1 000.00		
收费专章		收款人 7C104		开票人 7C104			合同号：25W60077	

第一联：付款方报销凭证

鄂国税定票印字[2006]45号 500万份以印

单据2-2-61

青岛市水务集团有限公司水费发票

青岛市
国家税务 监制

1420106620

开票时间：2008.06.18   No. 00119664

用户名称	青岛皓翔科技有限公司					用户代码		400001500		
用户地址	青岛市市南区中山路168号					批　号				
月份	起码	止码	水量	水费单价	水费	资源费单价	资源	滞纳金	小计	
200606	01712	01845	133	1.5	1 995.00		0		1 995.00	
应收（大写）：壹仟玖佰玖拾伍元整						￥1 995.00				
实收				上期余额			本期余额			

▲本发票不准携带外地开具▼

②此联作报销凭证

第　号

委托号码 420145

委邮

委托收款 凭证（付款通知）

5

委托日期 2008 年 6 月 18 日　　　付款期限　年　月　日

付款人	全　称	青岛皓翔科技有限公司	收款人	全　称	青岛电力局
	账　号或地址	3.30988E+11		账　号	45871369514
	开户银行	工行市南支行		开户银行	工商建设路支行	行号

| 委收金额 | 人民币（大写） | 壹仟元整 | 千 | 百 | 十 | 万 | 千 | 百 | 十 | 元 | 角 | 分 |
| | | | | | | | ¥ | 1 | 0 | 0 | 0 | 0 | 0 |

| 款项内容 | 电费 | 委托收款凭据名称 | | 附寄单证张数 | |

备注：

付款人注意：
1. 应于__票当日通知开户银行划款。
2. 如需拒付业务__在__限内，将拒付理由书并附债务证明退交开户银行。

单位主管　　会计　　复核　　记账　　　付款人开户银行盖章　　年　月　日

此联收款人开户银行给付款人按期付款的通知

业务指导：

企业发生的水电费通常由供货单位采用委托收款结算方式结算款项。税法规定，工业用自来水和电费的增值税可以抵扣，但这里取得的是普通发票，故不能进行抵扣。支付水电费时，借方通过"应付账款"科目核算。

工作程序：

（1）出纳李欣把从银行取回的凭证，交给会计王丽进行审核，并编制记账凭证。将记账凭证送交会计主管高明审核。

（2）王丽根据审核后的记账凭证登记"应付账款——自来水公司"、"应付账款——电力公司"明细账，然后转交出纳李欣登记"银行存款日记账"。

31. 19 日，开出转账支票一张，用于支付修理费 1 600 元，如单据 2-2-63 和单据 2-2-64 所示。

山东省增值税普通发票

111020623501

No. 0203425

购方单位：青岛皓翔科技有限公司　　　　　　　　　2008 年 6 月 19 日

品名及规格	货物或劳务名称	单位	数量	单价	金　额							
					万	千	百	十	元	角	分
修理						1	6	0	0	0	0

② 付款方报销凭证

金额（大写）　币　万　壹　仟　陆　佰　玖　拾　陆　元　零　角　零　分　¥1 600.00

备注：

开票单位盖章　　复核人　　　　收款人　　　　开票人 周芸

单据 2-2-64

```
中国工商银行
转账支票存根

支票号码    XII415142
科    目
对方科目
签发日期    2008 年 6 月 19 日
┌─────────────────────────┐
│收款人：青岛光明有限责任公司    │
├─────────────────────────┤
│金    额：￥1 600.00          │
├─────────────────────────┤
│用    途：支付修理费          │
├─────────────────────────┤
│备    注                      │
├─────────────────────────┤
│单位主管          会计         │
└─────────────────────────┘
```

业务指导：

企业发生的修理费如为厂部发生的列作管理费用，如为生产车间发生的列作制造费用。本业务假定为厂部修理费。

工作程序：

（1）出纳李欣将两张凭证交给会计王丽，王丽审核并编制记账凭证，然后送交会计主管高明审核。

（2）会计王丽根据审核后的记账凭证登记"管理费用"明细账，然后转交出纳李欣登记"银行存款日记账"。

32. 19 日，销售给东方有限责任公司甲产品一批，收到银行电汇单据一张，开出增值税专用发票，金额为 200 000 元，增值税额 34 000 元，如单据 2-2-65 至单据 2-2-67 所示。

单据 2-2-65

山东省增值税专用发票

此联不作报销、付款凭证使用   No. 001785962

开票日期：2008 年 6 月 19 日

购货单位	名 称：东方有限责任公司 纳税人识别号：320105783624167 地址、电话：青河路 2 号 63258466 开户行及账号：建行青河支行 3205637123		密码区	458687478/>+<1248<-< 加密版本：01 *+—457-</148<-22-45 4589216972 *-3-65>879458136845<7+0 12455412 8/56/145>>-->98>><1 478131			
货物或应税劳务名称	规格型号	单位	数量	单价	金额	税率	税额
甲产品		台	400	500.00	200 000.00	17%	34 000.00
合 计					200 000.00	17%	34 000.00
价税合计（大写） 武拾叁万肆仟元整					（小写）￥234 000.00		
销货单位	名 称：青岛皓翔科技有限公司 纳税人识别号：201256784567890 地址、电话：青岛市市南区中山路 168 号 开户行及账号：中国工商银行市南支行 330987654321		备注				

收款人：   复核：   开票人：周云丽   销货单位：（章）

单据 2-2-66

出 库 单

发货仓库：仓库

提货单位：东方有限责任公司

第　　号

2008 年 6 月 19 日

第三联　财务记账

类别	编号	名 称 型 号	单位	应发数量	实发数量	单位成本	金　　额
产品	D02	甲产品	台	400	400		
	合　　计						

负责人：　　　　经发：　　　　保管：黄政云　　　　制单：

单据 2-2-67

中国工商银行　电汇凭证 （ 收账通知 或取款收据 ）

4

第　　号

应解汇款编号

委托日期 2008 年 6 月 19 日

汇款人	全　称	东方有限责任公司	收款人	全　称	青岛皓翔科技有限公司
	账　号	46015945132		账　号	330987654321
	汇出地点			汇入地点	青岛市/县

汇出行名称	建设银行青河支行	汇入行名称	工行市南支行

金额	人民币（大写）	贰拾叁万肆仟元整	亿	千	百	十	万	千	百	十	元	角	分
						¥	2	3	4	0	0	0	0	0

汇款用途：劳务费如需加急，请在括号内注明（ 　 ）　　支付密码：

附加信息及用途：

工行市南支行　业务专用章

汇出行签章　　　　复核：　　　　记账：

此联给收款人收账通知或代取款收据

业务指导：

电汇收账通知表明购货方是采用汇兑结算方式付款，货款已划入本企业的银行存款账户中。

工作程序：

（1）会计王丽审核 3 张凭证，并编制记账凭证，然后送交会计主管高明审核。

（2）会计王丽根据审核后的记账凭证登记"主营业务收入"明细账，然后转交出纳李欣登记"银行存款日记账"，会计王丽登记"应交税费—应交增值税"明细。

33. 19 日，销售材料一批，收到银行本票一张。开出增值税专用发票金额为 3 000 元，增值税额 510 元，如单据 2-2-68 至单据 2-2-72 所示。

单据 2-2-68

山东省增值税专用发票

此联不作报销，扣款凭证使用　　　　　　　　　　No. 001785962

开票日期：2008 年 6 月 19 日

<table>
<tr>
<td rowspan="5">购货单位</td>
<td colspan="2">名　　　称：商贸公司</td>
<td rowspan="5">密码区</td>
<td>458687478/>+<1248<-<　加密版本：01</td>
</tr>
<tr>
<td colspan="2">纳税人识别号：320105783624167</td>
<td>*+—457-</148<-22-45　4589216972</td>
</tr>
<tr>
<td colspan="2">地址、　电话：北海路 1 号</td>
<td>*-3-65>879458136845<7+0　12455412</td>
</tr>
<tr>
<td colspan="2">开户行及账号：交行北海支行</td>
<td>8/56/145>>->98>><1　　478131</td>
</tr>
<tr>
<td colspan="2">3205637123</td>
<td></td>
</tr>
<tr>
<td colspan="2">货物或应税劳务名称</td>
<td>规格型号</td>
<td>单位</td>
<td>数量</td>
<td>单价</td>
<td>金额</td>
<td>税率</td>
<td>税额</td>
</tr>
<tr>
<td colspan="2">材料</td>
<td>YZ0001</td>
<td>件</td>
<td>10</td>
<td>300.00</td>
<td>3 000.00</td>
<td>17%</td>
<td>510.00</td>
</tr>
<tr>
<td colspan="2">合　　计</td>
<td></td>
<td></td>
<td></td>
<td></td>
<td>3 000.00</td>
<td>17%</td>
<td>510.00</td>
</tr>
<tr>
<td colspan="2">价税合计（大写）</td>
<td colspan="4">叁仟伍佰壹拾元整</td>
<td colspan="3">（小写）¥3 510.00</td>
</tr>
<tr>
<td rowspan="5">销货单位</td>
<td colspan="2">名　　　称：青岛皓翔科技有限公司</td>
<td rowspan="5">备注</td>
<td></td>
</tr>
<tr>
<td colspan="2">纳税人识别号：201256784567890</td>
<td></td>
</tr>
<tr>
<td colspan="2">地址、　电话：青岛市市南区中山路 168 号</td>
<td></td>
</tr>
<tr>
<td colspan="2">开户行及账号：工行市南支行</td>
<td></td>
</tr>
<tr>
<td colspan="2">330987654321</td>
<td></td>
</tr>
</table>

收款人：　　　　复核：　　　　开票人：周云丽　　　　销货单位：（章）

第三联　记账联　销货方记账凭证

单据 2-2-69

出 库 单

发货仓库：仓库　　　　　　　　　　　　　　　　第　　号

提货单位：商贸公司　　　　　　　　　　　　2008 年 6 月 19 日

<table>
<tr>
<td>类别</td>
<td>编号</td>
<td>名 称 型 号</td>
<td>单位</td>
<td>应发数量</td>
<td>实发数量</td>
<td>单位成本</td>
<td>金 额</td>
</tr>
<tr>
<td>产品</td>
<td>D02</td>
<td>材料</td>
<td>件</td>
<td>400</td>
<td>400</td>
<td></td>
<td></td>
</tr>
<tr>
<td></td>
<td></td>
<td></td>
<td></td>
<td></td>
<td></td>
<td></td>
<td></td>
</tr>
<tr>
<td></td>
<td></td>
<td></td>
<td></td>
<td></td>
<td></td>
<td></td>
<td></td>
</tr>
<tr>
<td></td>
<td></td>
<td></td>
<td></td>
<td></td>
<td></td>
<td></td>
<td></td>
</tr>
<tr>
<td></td>
<td></td>
<td></td>
<td></td>
<td></td>
<td></td>
<td></td>
<td></td>
</tr>
<tr>
<td></td>
<td></td>
<td></td>
<td></td>
<td></td>
<td></td>
<td></td>
<td></td>
</tr>
<tr>
<td colspan="3">合　　计</td>
<td></td>
<td></td>
<td></td>
<td></td>
<td></td>
</tr>
</table>

负责人：　　　　经发：　　　　保管：黄改云　　　　制单：

第三联　财务记账

单据 2-2-70

付款期限
壹个月

中国工商银行

银 行 本 票　2

汇票号码 25789

第 3 号

出票日期（大写）　贰零零捌 年 陆 月 壹拾玖 日

代理付款行：交行北海路支行　行号：21035021568

收款人：青岛皓翔科技有限公司	账号：330987654321

出票金额	人民币（大写）　叁仟伍佰壹拾元整										

实际结算金额	人民币（大写）　叁仟伍佰壹拾元整	千	百	十	万	千	百	十	元	角	分
					¥	3	5	1	0	0	0

申请人：商贸公司	账号或住址：43674228781

出票行：交行北海路支行　行号：3205637123

备　注：＿＿＿＿＿＿＿

凭票付款

中国交通银行
青岛
汇票专用章

密押

多余金额

千 百 十 万 千 百 十 元 角 分

科目（借）＿＿＿＿＿

对方科目（贷）＿＿＿＿＿

兑付日期：　年　　月　　日

复核　　　　记账

出票行签章

单据 2-2-71

付款期限
壹个月

中国工商银行

银 行 本 票（解讫通知）3

汇票号码

第 号

出票日期（大写）　贰零零捌 年 陆 月 壹拾玖 日

代理付款行：交行北海路支行　行号：21035021568

收款人：青岛皓翔科技有限公司	账号：330987654321

出票金额	人民币（大写）　叁仟伍佰壹拾元整										

实际结算金额	人民币（大写）　叁仟伍佰壹拾元整	千	百	十	万	千	百	十	元	角	分
					¥	3	5	1	0	0	0

申请人：商贸公司	账号或住址：32056237123

出票行：交行北海路支行　行号：3205637123

备　注：＿＿＿＿＿＿＿

代理付款行盖章

密押

多余金额

千 百 十 万 千 百 十 元 角 分

科目（借）＿＿＿＿＿

对方科目（贷）＿＿＿＿＿

转账日期：　年　　月　　日

复核　　　　记账

复核　　　　经办

单据 2-2-72

中国工商银行 进 账 单（回 单）1

2008 年 6 月 19 日 　　　　第　号

签发人	全　称	商贸公司	收款人	全　称	青岛皓翔科技有限公司
	账　号	32056237123		账　号	330987654321
	开户银行	交通银行北海路支行		开户银行	工商银行市南支行

人民币（大写）	叁仟伍佰壹拾元整	中国工商银行市南支行 2008 年 6 月 19 日 转讫	千 百 十 万 千 百 十 元 角 分 ￥ 3 5 1 0 0 0
票据种类	银行本票	票据张数 1 张	
票据号码	N158964		
单位主管　　会计　　复核　　记账		开户银行签章	

此联出票人开户银行交给出票人的回单

业务指导：

企业收到银行本票后，填写银行进账单，连同银行本票一起，交给本企业开户银行，银行见票即付款，办理转账手续，在进账单回单上加盖"转讫"章，交给本企业。进账单回单表明购货方支付的货款已划入本企业的银行存款账户中。

工作程序：

（1）会计王丽审核 3 张凭证，并编制记账凭证，然后送交会计主管高明审核。

（2）王丽根据审核后的记账凭证登记"其他业务收入"明细账，然后转交出纳李欣登记"银行存款日记账"，王丽登记"应交税费——应交增值税"明细账。

34. 20 日，将一台闲置海尔空调出售给静安公司，原价 4 000 元，已提折旧 2 500 元，售价 1 000 元，收到现金，如单据 2-2-73 和单据 2-2-74 所示。

单据 2-2-73

固定资产处置申请单

固定资产编号：089　　　　　　2008 年 6 月 20 日　　　　　　固定资产卡账号：45

固定资产名称	规格型号	单位	数量	预计使用年限	原值	已提折旧	备注
海尔空调	KFRd-50lw	台	1	10	4 000.00	2 500.00	出售
使用部门：行政办公室							
固定资产状况及处置原因	闲置未用						
处理意见		使用部门		技术鉴定小组	固定资产管理部门		主管部门审批
		申请出售		同意	同意出售		同意出售 王承刚

山东省增值税普通发票

记 账 联

发票代码 142010623101
发票号码 03357267

购方单位：静安公司   2008 年 6 月 20 日

品名及规格	货物或劳务名称	单位	数量	单价	金 额								
					万	千	百	十	元	角	分
海尔空调	KFRd-150	台	1	1 000	1	0	0	0	0	0	0
				现金收讫							

金额（大写）   ￥万 壹 仟 零 佰 零 拾 零 元 零 角 零 分 ￥1 000.00

备注：

开票单位盖章   复核人   收款人 张利芳   开票人 张利芳

（竖排左侧）税务征管印字（06）103 号 60000 本 3 联件文印刷 a543

（竖排右侧）③ 开票方记账原始凭证

业务指导：

企业报废和出售固定资产时，应将固定资产账面净值转入固定资产清理账户。清理净收益列作营业外收入，净损失列作营业外支出。本业务取得的销售发票上加盖有"现金收讫"章表示该项资产出售系以现金收取。

工作程序：

（1）会计王丽审核两张凭证，并编制记账凭证，然后送交会计主管高明审核。

（2）会计王丽根据审核后的记账凭证登记"固定资产"、"固定资产清理"、"累计折旧"明细账，然后转交出纳李欣登记"现金日记账"，王丽登记"营业外支出"明细账。

35. 20 日，开出信汇凭证，向福建天马有限公司偿付前欠货款 80 000 元，如单据 2-2-75 所示。

单据 2-2-75

工商银行 信汇凭证 （回 单）

1

委托日期 2008 年 6 月 20 日   第   号

汇款人	全称	青岛皓翔科技有限公司	收款人	全称	福建天马有限公司
	账号	330987654321		账号	63025942654
	汇出地点	青岛市/县		汇入地点	福州市/县
汇出行名称		工行市南支行	汇入行名称		交通银行仁福路支行

金额	人民币（大写）	捌万元整	亿	千	百	十	万	千	百	十	元	角	分
						￥	8	0	0	0	0	0	0

汇款用途：还欠款 如需加急，请在括号内注明（   ）   支付密码

附加信息及用途：

工行市南支行 业务专用章

汇出行签章   复核：   记账：

（竖排右侧）此联汇出行给汇款人的回单

业务指导：

电汇收账通知"汇款用途"中写明偿还以前的所欠货款，说明是向福建天马有限公司偿还所欠货款。

工作程序：

（1）会计王丽审核凭证，并编制记账凭证，然后送交会计主管高明审核。

（2）王丽根据审核后的记账凭证登记"应付账款"明细账，然后转交出纳李欣登记"银行存款日

36. 20日，接银行通知收到本季度银行利息265元，如单据2-2-76所示。

单据2-2-76

中国工商银行存款利息凭证

2008年 6月 20日

收款单位	账　号	3.30988E+11	付款单位	账　号	2000034578	此联出票人开户银行交给出票人的回单
	户　名	青岛皓翔科技有限公司		户　名	工行市南支行	
	开户银行	工行市南支行		开户银行	工行市南支行	

积数： 利率：0.98‰ 利息：265.00

工商银行市南支行
2008年6月20日
转讫

科　目 _____
对方科目 _____

_____户第2季度利息 复核员： 记账员：张明

业务指导：

利息收款结算单据表明，6月20日，工行长安里支行已将利息265元，划入本企业的银行存款账户中，应作冲减财务费用处理。

工作程序：

（1）会计王丽审核凭证，并编制记账凭证，然后送交会计主管高明审核。

（2）王丽根据审核后的记账凭证登记"财务费用"明细账，然后转交出纳李欣登记"银行存款日记账"。

37. 23日，以现金支付汽车过路、过桥费850元，如单据2-2-77和单据2-2-78所示。

单据2-2-77

山东省过路过桥通行费专用发票

（报销凭证）

（2008）No. 72159875

收费 72159875

车型：2 ____ 金额：850元

站名： ____ 二号： ____

日期：2008/6/23 ____ 时间： 1900/1/0

山东省财政厅监制

单据 2-2-78

支 出 证 明 单

2008 年 *6* 月 *23* 日　　　　　　　　　　　　　　　　　附件共 *1* 张

支出科目	摘　要	金　额							缺乏正式单据之原因
		万	千	百	十	元	角	分	
支付交通费	过路费		8	5	0	0	0		现金付讫

合计人民币（大写）：万 ¥ 仟 捌 佰 伍 拾 零 元 零 角 零 分　　　¥850.00

核准：王政　　　　复核：高明　　　　证明人：张东喜　　　　经手：李欣

业务指导：

过路过桥费用的单据应粘贴在支出证明单的后面，支出证明单上加盖有"现金付讫"章表明出纳已将现金 850 元交给报销人。

工作程序：

（1）会计王丽审核凭证，并编制记账凭证，然后送交会计主管高明审核。

（2）王丽根据审核后的记账凭证登记"管理费用"明细账，然后转交出纳李欣登记"库存现金日记账"。

38. 23 日，将持有的商业承兑汇票 117 000 元向银行办理贴现手续，贴现日数 20 天，贴现利率 9.3%，如图 2-2-1 和单据 2-2-79 所示。

贴现申请书

工行市南支行：

我公司于 <u>2008</u> 年 <u>6</u> 月 <u>12</u> 日与<u>武汉九头鸟有限公司</u>签定 <u>No.0022745</u> 号供销合同。<u>2008</u> 年 <u>6</u> 月 <u>12</u> 日双方议定以商业承兑汇票方式结清账款，于 <u>2008</u> 年 <u>6</u> 月 <u>13</u> 日<u>武汉九头鸟有限公司</u>开给（或背书转让给）我公司商业承兑汇票壹张，金额为人民币（大写）<u>壹拾壹万柒仟元整</u>。现我公司由于流动资金紧张，业务发展之需，特向贵行申请商业汇票贴现。

附汇票基本要素：

汇票号码：AA/01 00235834　　　　　承兑协议编号：

我公司郑重承诺：如因本汇票之真伪或对方银行因各种原因拒付而给贵行造成的一切经济损失，由我公司承担全部赔付责任。

公司名称：青岛皓翔科技有限公司

法人代表签字：王承刚

2008 年 6 月 23 日

图 2-2-1　贴现申请书

单据 2-2-79

贴现凭证 （收账通知）　4

申请日期 2008 年 6 月 23 日　　　　　　第 0125 号

此联银行给持票人的收账通知

贴现汇票	种　　类	商业汇票	号码	AA/0100235834	持票人	名　称	青岛皓翔科技有限公司
	出票日			2008 年 6 月 13 日		账　号	330987654321
	到票日			2008 年 7 月 13 日		开户银行	工行市南支行

| 汇票承兑人 | 名称 | 武汉九头鸟有限公司 | 账号 | 05637123 | 开户银行 | 建行江大支行 |

| 汇票金额 | 人民币（大写） | 壹拾壹万柒仟元整 | 千 | 百 | 十 | 万 | 千 | 百 | 十 | 元 | 角 | 分 |
| | | | | | ¥ | 1 | 1 | 7 | 0 | 0 | 0 | 0 | 0 |

| 贴现率 | ‰ | 贴现利息 | 千 | 百 | 十 | 万 | 千 | 百 | 十 | 元 | 角 | 分 | 实付贴现金额 | 千 | 百 | 十 | 万 | 千 | 百 | 十 | 元 | 角 | 分 |
| | | | | | | | ¥ | 6 | 0 | 4 | 0 | 0 | | | ¥ | 1 | 1 | 6 | 3 | 9 | 6 | 0 | 0 |

贴现款项已入你单位账户。　　　　备注：

银行签章
年　　月　　日

（印章：中国工商银行市南支行　2008年6月23日　转讫）

业务指导：

企业办理商业汇票贴现时，应填写一式五联的贴现凭证（或贴现申请书），连同商业汇票一起交给贴现银行，贴现申请书也可由贴现凭证的第一联代替。贴现凭证收账通知上加盖有"转讫"章，表明银行受理后，已将"贴现实付金额 116 396 元"划入本企业银行存款账户中。企业贴现利息列作财务费用。

工作程序：

（1）会计王丽审核凭证，并编制记账凭证，然后送交会计主管高明审核。

（2）会计王丽根据审核后的记账凭证登记"应收票据"明细账，然后转交出纳李欣登记"库存现金日记账"，王丽登记"财务费用"明细账。

39. 24 日，从福建天马有限公司赊购材料一批，价款 100 000 元，增值税 17 000 元，发票已到，材料已验收入库，同时收到对方运输发票一张 1 000 元，如单据 2-2-80 至单据 2-2-84 所示。

单据 2-2-80

福建省增值税专用发票

（印章：全国统一发票监制章　福建省　国家税务局监制）

No.　04838848

开票日期：2008 年 6 月 24 日

第二联　发票联　购货方记账凭证

| 购货单位 | 名　　称：青岛皓翔科技有限公司
纳税人识别号：201256784567890
地址、电话：青岛市市南区中山路 168 号
开户行及账号：中国工商银行市南支行
330987654321 | 密码区 | 245687478/>+<1248<-<　加密版本：01
*+--457-</148<-22-45　8641516972
*-4-78>879458136845<7+0　14785412
9/92/279>>->98>><1　478131 |

货物或应税劳务名称	规格型号	单位	数量	单价	金额	税率	税额
原材料	DR0002	件	1 000	100	100 000.00	17%	17 000.00
合　　计					100 000.00	17%	17 000.00
价税合计（大写）	壹拾壹万柒仟元整				￥117 000.00		

| 销货单位 | 名　　称：福建天马有限公司
纳税人识别号：420563426735637
地址、电话：福州市东福路
开户行及账号：工行东福支行
42045276341 | | （印章：福建天马有限公司　发票专用章　注） |

收款人：　　　　　复核：　　　　　开票人：刻叶　　　　　销货单位：（章）

福建省增值税专用发票

抵 扣 联　　　　　　　　　　No. 04838848

开票日期：*2008* 年 *6* 月 *24* 日

购货单位	名　　称： **青岛皓翔科技有限公司**			密码区	245687478/>+<1248<-<　加密版本：01		
	纳税人识别号：*201256784567890*				*+--457-</148<-22-45　8641516972		
	地址、电话：**青岛市市南区中山路 168 号**				*-4-78>879458136845<7+0　14785412		
	开户行及账号：**工商银行市南支行**				9/92/279>>->98>><1　　478131		
	330987654321						

货物或应税劳务名称	规格型号	单位	数量	单价	金额	税率	税额
原材料	*DR0002*	*件*	*1 000*	*100*	*100 000.00*	*17%*	*17 000.00*
合　　计					¥*100 000.00*	*17%*	*17 000.00*
价税合计（大写）　**壹拾壹万柒仟元整**					（小写）*117 000.00*		

销货单位	名　　称：**福建天鸟有限公司**	备注	
	纳税人识别号：*420563426735637*		
	地址、电话：**福州市东福路 25 号**		
	开户行及账号：**工行东福支行**		
	42045276341		

收款人：　　　　　复核：　　　　　开票人：**刻叶**

全国联运行业货运统一发票

江苏省　　　发票代码　2005401003215
发票号码　19960103

开票日期　　*2008* 年 *6* 月 *24* 日

机打代码	2005041003215	密码区			
机打号码	19960103				
机器编号					

发货人名称	**福建天鸟有限公司**		运输费用		其他费用	
			项目及金额		项目及金额	
纳税人识别号	420563426735637		一、自备运输工具运费		仓储费	
			1. 公路运费		包装整理费	
收货人名称	**青岛皓翔科技有限公司**		2. 水路运费		装卸费	
					劳务费	
纳税人识别号	201256784567890				票签费	
					小计	
					包干费	
发货站（港）	到站（港）　经由　中转		二、代付费用			
福州	青岛		1. 铁路运费		垫付费用	
货物名称	件数　计重资费　包装		2. 公路运费	*1 000*	项目及金额	
材料			3. 水路运费		保险费	
			4. 航空运费		邮寄费	
			小计		小计	
合计人民币（大写）**壹仟元整**					¥*1 000.00*	
承运人名称	**福州通达运输公司**		主管税务机关及代码		5830067	
纳税人识别号	30006541233321					

开票单位盖章　　　　开票人：　　　　收款人　　　　手写无效

单据 2-2-83

全国联运行业货运统一发票

发票代码

开票日期 *2008 年 6 月 24 日*　　　抵 扣 联　　　发票号码

机打代码 2005041003215 机打号码 19960103 机器编号	密码区		
发货人名称　**福建天马有限公司** 纳税人识别号　420563426735637		运输费用	其他费用
		项目及金额	项目及金额

	运输费用 项目及金额	其他费用 项目及金额
发货人名称 **福建天马有限公司** 纳税人识别号 420563426735637	一、自备运输工具运费 　1. 公路运费 　2. 水路运费	仓储费 包装整理费 装卸费 劳务费 票签费
收货人名称 **青岛皓翔科技有限公司** 纳税人识别号 201256784567890		小计 包干费
发货站（港） 到站（港） 经由 中转 福州 青岛	二、代付费用 　1. 铁路运费 　2. 公路运费　　*1 000* 　3. 水路运费 　4. 航空运费	垫付费用 项目及金额
货物名称 件数 计重资费 包装 材料		保险费 邮寄费
	小计	小计
合计人民币（大写）**壹仟元整**	¥1 000.00	
承运人名称 **福州通达运输公司** 纳税人识别号 *30006541233321*	主管税务机关及代码 *5830067*	

开票单位盖章　　　　　开票人：　　　　　收款人　　　　　手写无效

第一联　抵扣联　付款方留存

单据 2-2-84

收 料 单

收料部门：仓库　　　　*2008 年 6 月 24 日*　　　　专字　第 5 号

种类	编号	名称	规格	数量	单位	单价	成本总额									
							千	百	十	万	千	百	十	元	角	分
材料	C04	A 材料		*1 000*	件	100.00		1	0	0	0	0	0	0	0	0
备注							¥	1	0	0	0	0	0	0	0	0

第三联　财务记账

负责人：**张丽**　　　　记账：**王丽**　　　　验收：**张一华**　　　　填单：**刘红**

业务指导：

该经济业务与业务 7 基本相同。两者不同之处在于结算方式，缺少货款结算单据，表明未付款。

工作程序：

（1）会计王丽审核 2 张凭证，并编制记账凭证，然后送交会计主管高明审核。

（2）会计王丽根据审核后的记账凭证登记"原材料"明细账，然后登记"应付账款"明细账，登记"应交税费——应交增值税"明细账。

40. 24 日，将现金 5 000 存入银行，其中票面壹佰元有 45 张，票面伍拾元有 4 张，票面壹拾元有 12 张，票面伍元有 36 张，如单据 2-2-85 所示。

单据 2-2-85　　　中国工商银行**现 金 进 账 单**（回单或收账通知）①

2008 年 6 月 24 日　　　　　　　　　　　第 12 号

收款人	全称	青岛皓翔科技有限公司							开户银行	工行市南支行					
	账号	330987654321							款项来源	货款					
人民币（大写）	贰仟元整									十万	千	百	十	元	角	分
											¥	5	0	0	0	0	0

票面	张数	十万	千	百	十	元	角	分	票面	张数	百	十	元	角	分	
壹佰元	45		4	5	0	0	0	0	伍　角							中国工商银行市南支行 **2008.6.24** 现金收讫(1)
伍拾元	4			2	0	0	0	0	贰　角							
贰拾元									壹　角							
拾　元	12			1	2	0	0	0	伍　分							
伍　元	36			1	8	0	0	0	贰　分							（收款银行盖章）
贰　元									壹　分							
壹　元															收银员　　　复核员	

业务指导：

企业将现金送存银行时，应填写"现金进账单"或现金存款凭条。现金进账单为一式三联或一式二联。该凭证为第一联——回单，由银行盖章后退回存款单位。

工作程序：

（1）出纳李欣将银行进账单交给总账会计王丽，王丽审核并编制记账凭证，然后交给会计主管高明审核。

（2）出纳李欣根据审核无误的记账凭证分别登记"库存现金日记账"和"银行存款日记账"。

41. 24 日，开出电汇凭证，支付江苏泰和有限公司的退货款。该公司发现购买的甲产品中有四台出现质量问题，经双方协商同意退货，共计货款 2 000 元，增值税 340 元，如单据 2-2-86 和单据 2-2-87 所示。

单据 2-2-86

山东省增值税专用发票

此联不作报销，扣款凭证使用

No.001785962

开票日期：*2008 年 6 月 24 日*

购货单位	名　　　称：*江苏泰和有限责任公司*				密码区	458687478/>+<1248<-< 　加密版本：01 *+—457-</148<-22-45 　4589216972 *-3-65>879458136845<7+0 　12455412 8/56/145>>->98>><1 　　478131			
	纳税人识别号：*320105783624167*								
	地址、电话：*南京市青年路302号 84674589*								
	开户行及账号：*建行青年路支行* 　　　　　　　*3205637123*								
货物或应税劳务名称	规格型号	单位	数量	单价	金额		税率	税额	
甲产品	*D0022*	*台*	*4*	*500*	*2 000.00*		17%	*340.00*	
合　　计					*¥2 000.00*		17%	*¥340.00*	
价税合计（大写）　*贰仟叁佰肆拾元整*						（小写）*¥2 340.00*			
销货单位	名　　　称：*青岛皓翔科技有限公司*			备注					
	纳税人识别号：*201256784567890*								
	地址、电话：*青岛市市南区中山路168号*								
	开户行及账号：*工商银行市南支行* 　　　　　　　*330987654321*								

收款人：　　　　复核：　　　　开票：*周云丽*　　　销货单位：（章）

第三联　记账联　销货方记账凭证

单据 2-2-87

中国工商银行　电汇凭证　（回 单）

1

委托日期 *2008 年 6 月 24 日*　　　　第　号

汇款人	全　　称	*青岛皓翔科技有限公司*	收款人	全　　称	*江苏泰和有限责任公司*										
	账　　号	*330987654321*		账　　号	*3205637123*										
	汇出地点	*青岛市/县*		汇入地点	*江苏省南京市/县*										
	汇出行名称	*工行市南支行*		汇入行名称	*建行青年路支行*										
金额	人民币 （大写）	*贰仟叁佰肆拾元整*				亿	千	百	十	万	千	百	十	元	角	分
				转讫	支付密码						¥	2	3	4	0	0	0
					附加信息及用途：										

中国工商银行市南支行
2007年6月24日
转讫

汇出行签章　　　　　　复核：　　　　记账：

此联汇出行给汇款人的回单

业务指导：

红字增值税专用发票，表明企业发生销货退回，应冲减当期销售商品收入，同时冲减已确认的应交增值税销项税额。电汇凭证回单表明退货款项以电汇方式付讫。

工作程序：

（1）会计王丽审核2张凭证，并编制记账凭证，然后交给会计主管高明审核。

（2）会计王丽根据审核后的记账凭证登记"主营业务收入"明细账，然后转交出纳李欣登记"银行存款日记账"，王丽登记"应交税费——应交增值税"明细账。

42．24日，对库存现金进行盘点，发现长款900元，如单据2-2-88所示。

单据2-2-88

现金盘点报告表

2008年 6 月 24 日

单位名称：**青岛皓翔科技有限公司**

实存金额	账存金额	盈亏情况		备注
		盘盈数	盘亏数	
		900.00		
处理意见：				

主管 **高明**   会计 **王丽**   核点：**张丽**

业务指导：

现金清查一般采用实地盘点的方法，清查小组将清点的库存现金与当日现金日记账余额核对，并编制"现金盘点报告表"。不明原因的盘盈或盘亏应暂列作 "待处理财产损溢"处理。

工作程序：

（1）会计主管高明审核现金盘点报告表，然后交给会计王丽，王丽审核并编制记账凭证，然后交给会计主管高明审核。

（2）出纳李欣根据审核无误的记账凭证登记"库存现金日记账"，王丽登记"待处理财产损溢"明细账。

43．25日，经招标，仓库由青岛第一建筑公司承建，开出转账支票200 000元，预付建筑工程款，如单据2-2-89和单据2-2-90所示。

单据2-2-89

青岛市建筑安装统一发票

建设单位：**青岛第一建筑公司**

日期：2008 年 6 月 25 日

全国统一发票监制章
青岛市
国家税务局监制

代码：5480000580549

号码：000489555

工程名称	质式结构	工程进度	进度款或结算款	金额								
				百	十	万	千	百	十	元	角	分
仓库工程款					2	0	0	0	0	0	0	0
人民币（大写）	**贰拾万元整**											
工程款决算情况	**工程预收款**			财务专用章								

收款单位发票专用章：   财务：   开票：**刘进**

第二联 发票联

单据 2-2-90

```
中国工商银行
转账支票存根

支票号码    XII415143
科    目
对方科目
签发日期    2008 年 6 月 25 日

收款人： 青岛第一建筑公司

金    额： ¥200 000.00

用    途： 支付工程款

备    注

单位主管            会计
```

业务指导：

本业务为企业自建仓库（出包方式）业务。预付工程款时通过"在建工程"核算。

工作程序：

（1）会计王丽审核两张原始凭证，王丽根据审核无误的原始凭证编制记账凭证，然后送交会计主管高明审核。

（2）会计王丽根据审核无误的记账凭证登记"在建工程明细账"，出纳李欣登记"银行存款日记账"。

44. 25 日，开出转账支票一张，支付天宇广告有限公司的广告费 10 000 元，如单据 2-2-91 所示。

单据 2-2-91

```
中国工商银行
转账支票存根

支票号码    XII415144
科    目
对方科目
签发日期    2008 年 6 月 25 日

收款人： 北京天娱广告有限公司

金    额： ¥10 000.00

用    途： 支付广告费

备    注

单位主管            会计
```

业务指导：

企业支付的广告费用一般通过销售费用核算。

工作程序：

（1）会计王丽审核凭证，并编制记账凭证，然后送交会计主管高明审核。

（2）王丽根据审核无误的记账凭证登记"销售费用日记账"，出纳李欣登记"银行存款日记账"。

45．25日，经领导同意，给予职工王明生活困难补助580元，如单据2-2-92和单据2-2-93所示。

单据2-2-92

青岛皓翔科技有限公司
员工补助发放表

2008年 6 月 25 日

姓名	项目	金额	签名
王明	困难补助	580.00	王明
合　计		580.00	

审批：王承刚　　　　　　　　制表：刘明

单据2-2-93

支 出 证 明 单

2008年 6 月 25 日　　　　　　　　　　附件共 1 张

支 出 科 目	摘　要	金　额							缺乏正式单据之原因
		万	千	百	十	元	角	分	
支付困难补助	困难补助			5	8	0	0	0	现金付讫

合计人民币（大写）：万¥仟 伍 佰 捌 拾 零 元 零 角 零 分　　　　¥580.00

核准：王承刚　　　　复核：高明　　　　证明人：张乐喜　　　　经手：刘明

业务指导：

企业向员工发放困难补助从"应付福利费"中开支。支出证明单上加盖有"现金付讫"章表明该项困难补助以现金支付。

工作程序：

（1）会计王丽审核两张凭证，并编制记账凭证，然后送交会计主管高明审核。

（2）会计王丽根据审核后的记账凭证登记"应付职工薪酬"明细账，然后交给出纳李欣登记"库存现金日记账"。

46．26日，月末盘点，辅助材料盘亏，原因待查，如单据2-2-94所示。

会计分岗模拟实训

单据 2-2-94

财产清查报告单

2008 年 6 月 30 日 金额单位：元

编号	财产名称规格	单位	单价	账面数量	实物数量	盘盈		盘亏		盘亏原因
						数量	金额	数量	金额	
	辅助材料								100	原因待查

第二联　财务联

主管：*汤思飞*　　　复核：*邓进*　　　制表：*黄政云*

业务指导：

该凭证是对存货清查结果的报告，凭证表明：6 月 26 日，对辅助材料清查，盘亏 100 元，原因待查。

工作程序：

（1）会计王丽审核凭证，并编制记账凭证，然后送交会计主管高明审核。

（2）王丽根据审核后的记账凭证登记"原材料"、"待处理财产损溢"明细账，登记"应交税费—应交增值税"明细账。

47. 26 日，上述现金长款，经查原因不明，经批准转作营业外收入，如单据 2-2-95 所示。

单据 2-2-95

库存现金盘点报告表

2008 年 6 月 26 日

单位名称：*青岛皓翔科技有限公司*

实存金额	账存金额	盈亏情况		备　注
		盘盈数	盘亏数	
		900.00		

处理意见：

转入"营业外收入"

王承刚　*2008.6.26*

主管 *高明*　　　复核 *王丽*　　　核点：*张丽*

业务指导：

本业务是前述第 43 笔业务的处理意见，即将库存现金盘盈的 900 元转作营业外收入。

工作程序：

（1）会计主管高明审核现金盘点报告表，然后交给会计王丽，王丽审核并编制记账凭证，然后交给会计主管高明审核。

（2）王丽登记"待处理财产损溢"明细账，登记"营业外收入明细账"。

48. 26日，因公司扩大规模，吸收大兴投资公司出资 220 万元为企业投资人，投资后公司的注册资本达到 1 200 万元，根据投资协议，大兴投资公司占公司注册资本的 1/6。收到大兴公司银行汇票一张送存银行，并办理了增资手续，如单据 2-2-96 至单据 2-2-98 所示。

单据 2-2-96

付款期限	壹个月			中国工商银行				

银行汇票 2

汇票号码 25789
第 3 号

出票日期（大写）	貳零零捌 年 陆 月 貳拾陆 日	代理付款行：工行深南路支行 行号：21035021568

收款人：青岛皓翔科技有限公司	账号：330987654321

出票金额	人民币（大写）	貳佰貳拾万元整									

实际结算金额	人民币（大写）	貳佰貳拾万元整	千	百	十	万	千	百	十	元	角	分
			¥	2	2	0	0	0	0	0	0	0

申请人：深圳大兴制投资公司	账号或住址：32056371232

出票行：工行深南路支行	行号：21035021568

备 注：＿＿＿＿＿＿

凭票付款

中国工商银行
深圳
汇票专用章

出票行签章

密押										科目（借）＿＿＿＿＿＿
多余金额										对方科目（贷）＿＿＿＿＿＿
千	百	十	万	千	百	十	元	角	分	兑付日期： 年 月 日
										复核　　　记账

此联代理付款行付款后作联行往账借方凭证附件

单据 2-2-97

付款期限	壹个月			中国工商银行				

银行汇票（解讫通知）3

汇票号码
第 号

出票日期（大写）	貳零零捌 年 陆 月 貳拾陆 日	代理付款行：工行深南路支行 行号：21035021568

收款人：青岛皓翔科技有限公司	账号：330987654321

出票金额	人民币（大写）	貳佰貳拾万元整									

实际结算金额	人民币（大写）		千	百	十	万	千	百	十	元	角	分
			¥	2	2	0	0	0	0	0	0	0

申请人：深圳大兴投资公司	账号或住址：32056371232

出票行：工行深南路支行	行号：21035021568

备 注：＿＿＿＿＿＿＿＿

代理付款行盖章

密押										科目（借）＿＿＿＿＿＿
多余金额										对方科目（贷）＿＿＿＿＿＿
千	百	十	万	千	百	十	元	角	分	转账日期 年 月
										复核　　　记账

复核　　　经办

余额贷方凭证　此联代理付款行兑付后随报单寄出票行，由出票行作

单据 2-2-98

中国工商银行 进 账 单（回　单）　1

2008 年 6 月 26 日　　　　　　　　第　　号

签发人	全　称	深圳大兴投资公司	收款人	全　称	青岛皓翔科技有限公司
	账　号	32056371232		账　号	330987654321
	开户银行	工商银行深南路支行		开户银行	工商银行市南支行

人民币（大写）	贰佰贰拾万元整	中国工商银行市南支行 2008 年 6 月 16 日 转讫	千百十万千百十元角分 ¥ 2 2 0 0 0 0 0 0 0
票据种类	转账支票	票据张数	1 张
票据号码	N158964		

单位主管　　会计　　复核　　记账　　　　　　开户银行签章

此联出票人开户银行交给出票人的回单

工作程序：

（1）将凭证交给会计王丽审核，并编制记账凭证，然后送交会计主管高明审核。

（2）王丽根据审核后的记账凭证，登记"实收资本"、"资本公积"明细账，出纳李欣登记"银行存款"明细账。

49. 27 日，向鸿发有限公司销售甲产品 2 000 台，货款 2 000 000 元，增值税 340 000 元，收到对方开具的转账支票，如单据 2-2-99 至单据 2-2-101 所示。

单据 2-2-99

山东省增值税专用发票

此联不作报销、扣款凭证使用　　　　　　　　　　No. 001785962

山东省国家税务局监制　　　　　开票日期：2008 年 6 月 27 日

购货单位	名　称：鸿发有限责任公司 纳税人识别号：320105783624167 地址、电话：安静路 3 号 54674589 开户行及账号：建行东城支行 3205637123	密码区	458687478/>+<1248<-< 加密版本：01 *+-457-</148<-22-45 4589216972 *-3-65>879458136845<7+0 12455412 8/56/145>>->98>><1 478131

货物或应税劳务名称	规格型号	单位	数量	单价	金额	税率	税额
甲产品	X0011	台	2 000	1 000	2 000 000.00	17%	340 000.00
合　计					2 000 000.00	17%	340 000.00

价税合计（大写）	贰佰叁拾肆万元整	（小写）¥2 340 000.00

销货单位	名　称：青岛皓翔科技有限公司 纳税人识别号：201256784567890 地址、电话：青岛市市南区中山路 168 号 开户行及账号：工行市南支行 330987654321	备注

第三联 记账联 销货方记账凭证

收款人：　　　　　复核：　　　　　开票人：周云丽　　　　　销货单位：（章）

单据 2-2-100

中国工商银行 进 账 单（回 单）1

2008 年 6 月 27 日　　　　　　　第　号

签发人	全　称	鸿发有限责任公司	收款人	全　称	青岛皓翔科技有限公司
	账　号	32056237123		账　号	330987654321
	开户银行	建行东城支行		开户银行	工商银行市南支行

人民币 （大写）	贰佰叁拾肆万元整	中国工商银行市南支行 2008.6.27 转讫	千	百	十	万	千	百	十	元	角	分
			¥	2	3	4	0	0	0	0	0	0

票据种类	转账支票	票据张数	1 张
票据号码	N158964		

单位主管　会计　复核　记账　　　　　　　　　　开户银行签章

此联出票人开户银行交给出票人的回单

单据 2-2-101

出 库 单

发货仓库：　　　　　　　　　　　　　　　　　　　第　号
提货单位：　　　　　　　　　　　　　　　　　　　2008 年 6 月 27 日

类别	编号	名称型号	单位	应发数量	实发数量	单位成本	金　额
产品		甲产品	台	2 000	2 000		
	合　　计						

负责人：王承刚　　　　　经发：刘俊　　　　　保管：黄政云　　　　　填单：王勇

业务指导：

出库单上只有数量没有单位成本，是因为企业发出商品成本采用全月一次加权平均单价计算，当月末企业计算出发出商品加权平均单价时再结转商品销售成本。

工作程序：

（1）会计王丽审核 3 张凭证，并编制记账凭证，然后送交会计主管高明审核。

（2）王丽根据审核后的记账凭证登记"主营业务收入"明细账，登记"应交税费—应交增值税"明细账，出纳李欣登记"银行存款日记账"。

50. 27 日，收到银行信汇收据单据一张 50 000 元，系国美公司预付货款，如单据 2-2-102 所示。

单据 2-2-102

工商银行　信汇凭证（收账通知 或取款收据）

第　　号

4　　应解汇款编号

委托日期 *2008* 年 *6* 月 *27* 日

汇款人	全称	山东国美电器公司	收款人	全称	青岛皓翔科技有限公司
	账号	46015945132		账号	330987654321
	汇出地点	山东省十林市/县		汇入地点	青岛市/县
汇出行名称		交通银行十林支行	汇入行名称		工行市南支行

金额	人民币（大写）	伍万元整	亿	千	百	十	万	千	百	十	元	角	分
							¥	5	0	0	0	0	0

汇款用途：预付货款 如需加急，请在括号内注明（　）

支付密码

附加信息及用途：

工行市南支行
业务专用章

汇出行签章　　　　　复核：　　　　记账：

此联给收款人收账通知或代取款收据

业务指导：

信汇收账通知单汇款用途说明企业收到的这笔款项为山东国美电器公司预付的货款，不应作收入处理。

工作程序：

（1）会计王丽审核凭证，并编制记账凭证，然后送交会计主管高明审核。

（2）会计王丽根据审核后的记账凭证登记"预收账款明细账"，出纳李欣登记"银行存款日记账"。

51. 30 日，经查，辅助材料盘亏，应由保管员赔偿 40 元，其余属正常损耗，如单据 2-2-103 所示。

单据 2-2-103

财产清查报告单

2008 年 *6* 月 *30* 日

金额单位：元

编号	财产名称规格	单位	单价	账面数量	实物数量	盘盈		盘亏		盘亏原因
						数量	金额	数量	金额	
	辅助材料								100	保管员赔偿40元

主管：高明　　　　　复核：李进　　　　　制表：王勇

第二联 财务联

业务指导：

该凭证是一张财产清查报告单，是企业财产清查结果及处理的凭据。该凭证表明：企业的辅助材料盘亏 100 元，其中由保管员赔偿 40 元，其余没有注明原因的，则为正常损耗。

工作程序：

（1）会计王丽审核报告单，并编制记账凭证，然后交给会计主管高明审核。

（2）会计王丽登记"待处理财产损溢明细账"，登记"其他应收款明细账"，登记"管理费用"明细账。

52. 30 日，分配本月水费，如单据 2-2-104 所示。

单据 2-2-104

外购水费分配表

2008 年 6 月 30 日

应借科目 项目	耗用量（立方）	单价	金额	共同耗用分配		
				分配标准（生产工人工资）	分配率	金额
制造费用	480			×	×	×
管理费用	220			×	×	×
销售费用	98			×	×	×
合计	798	2.50		×	×	×

审核：高明　　　　　　记账：王丽　　　　　　制单：吴江

业务指导：

该凭证是企业自制的水费分配表，由成本核算员依据各部门自来水耗用情况和本月实际支付水费计算编制。

工作程序：

（1）会计王丽审核凭证，并编制记账凭证，然后送交会计主管高明审核。

（2）会计王丽根据审核后的记账凭证登记"制造费用"明细账，登记"管理费用"明细账、"销售费用"明细账，登记"应付账款"明细账。

53. 30 日，分配本月电费，如单据 2-2-105 所示。

单据 2-2-105

外购电费分配表

2008 年 6 月 30 日

应借科目		项目	耗用量（度）	单价	金额	共同耗用分配		
						分配标准（产品生产工时）	分配率	金额
生产成本	基本生产成本	甲产品				110 小时		
		乙产品				90 小时		
		小计	1 200			200 小时		
制造费用			400			×	×	×
管理费用			300			×	×	×
销售费用			100			×	×	×
合计			2 000	0.50		×	×	×

审核：高明　　　　　　记账：王丽　　　　　　制单：吴江

业务指导：

两种产品共同耗用的电费需要分配，分配标准为产品的实际生产工时。

工作程序：

（1）会计王丽审核凭证，并编制记账凭证，然后送交会计主管高明审核。

（2）会计王丽根据审核后的记账凭证登记"制造费用"明细账，登记"管理费用"明细账、"销售费用"明细账，登记"应付账款"明细账。

54. 30日，分配本月工资费用 300 000 元，如单据 2-2-106 至单据 2-2-109 所示。

单据 2-2-106

青岛皓翔科技有限公司
员工工资册

2008 年 6 月

编号	姓名	部门	性别	职务	基本工资	津贴
101	王承刚	行政办公室	男	总经理	5 000	1 000
102	张芳	行政办公室	女	职员	2 720	500
…		行政办公室			…	…
201	李忆欣	人力资源部	男	部门经理	3 100	600
202	胡和平	人力资源部	男	职员	1 850	300
…		人力资源部			…	…
301	高明	财务部	男	部门经理	3 700	700
302	李欣	财务部	女	出纳	800	200
…		财务部			…	…
401	黄百利	销售部	男	部门经理	4 450	900
402	余海	销售部	男	职员	2 700	500
…		销售部			…	…
501	马莉	采购部	女	部门经理	3 400.00	700.00
502	向伟	采购部	男	职员	2 800.00	500.00
…		采购部			…	…
601	林冰	生产车间	男	技术工人	3 600.00	700.00
602	李好	生产车间	女	工人	2 200.00	400.00
…		生产车间			…	…
合计					254 700.00	12 040.00

部门审核：李忆欣　　　　　　　　　　　　制表：刘飞

单据 2-2-107　　　**青岛皓翔科技有限公司公司工资结算表**

2008 年 *6* 月 *30* 日

编号	姓名	部门	基本工资	津贴	奖金	缺勤应扣		应付工资	代扣款项		实发工资	签收
						事假	迟到早退		代扣税款	其他代扣		
101	王承刚	行政办公室	5 000.00	1 000.00	500.00	0.00	0.00	6 500.00	100.00		6 400.00	王承刚
102	张芳	行政办公室	2 720.00	500.00	200.00	0.00	0.00	3 420.00	48.00		3 372.00	张芳
…		行政办公室	…	…	…	…	…	…	…	…		…
小计			28 000.00	3 000.00	2 000.00	0.00	0.00	33 000.00	1 450.00		31 550.00	
201	李忆欣	人力资源部	3 100.00	600.00	300.00	0.00	0.00	4 000.00	55.00		3 945.00	李忆欣
202	胡和平	人力资源部	1 850.00	300.00	200.00	0.00	0.00	2 350.00	20.00		2 330.00	胡和平
…		人力资源部	…	…	…	…	…	…	…	…		…
小计			15 000.00	1 400.00	700.00	0.00	0.00	17 100.00	690.00		16 410.00	
301	高明	财务部	3 700.00	700.00	400.00	0.00	0.00	4 800.00	60.00		4 740.00	高明
302	李欣	财务部	800.00	200.00	200.00	0.00	0.00	1 200.00	10.00		1 190.00	李欣
…		财务部	…	…	…	…	…	…	…	…		…
小计			21 000.00	1 900.00	800.00	0.00	0.00	23 700.00	840.00		22 860.00	
401	黄百利	销售部	4 450.00	900.00	400.00	0.00	0.00	5 750.00	80.00		5 670.00	黄百利
402	余海	销售部	2 700.00	500.00	200.00	0.00	20.00	3 380.00	40.00		3 340.00	余海
…		销售部	…	…	…	…	…	…	…	…		…
小计			20 000.00	1 820.00	1 800.00	0.00	20.00	23 600.00	790.00		22 810.00	
501	马莉	采购部	3 400.00	210.00	1 700.00	0.00	20.00	5 290.00	198.00		5 092.00	马莉
502	向伟	采购部	2 800.00	180.00	1 700.00	0.00	0.00	4 680.00	105.00		4 575.00	向伟
…		采购部	…	…	…	…	…	…	…	…		…
小计			6 000.00	420.00	1 300.00	0.00	20.00	7 700.00	430.00		7 270.00	
601	林冰	生产车间	3 600.00	700.00	400.00	0.00	0.00	4 700.00	58.00		4 642.00	林冰
602	李好	生产车间	2 200.00	500.00	200.00	110.00	0.00	2 790.00	42.00		2 748.00	李好
…		生产车间	…	…	…	…	…	…	…	…		…
小计			164 700.00	3 500.00	27 200.00	500.00	0.00	194 900.00	1 650.00		193 250.00	
合计			254 700.00	12 040.00	33 800.00	500.00	20.00	300 000.00	5 850.00	0.00	294 150.00	

批准：王承刚　　　　　审核：高明　　　　　部门负责人：高明　　　　　制表：王丽

单据 2-2-108　　　**青岛皓翔科技有限公司工资结算汇总表**

2008 年 6 月

编号	部门	基本工资	津贴	奖金	缺勤应扣		应付工资	代扣款项		实发工资
					事假	迟到早退		代扣税款	其他代扣	
1	行政办公室	28 000.00	3 000.00	2 000.00	0.00	0.00	33 000.00	1 450.00		31 550.00
2	人力资源部	15 000.00	1 400.00	700.00	0.00	0.00	17 100.00	690.00		16 410.00
3	财务部	21 000.00	1 900.00	800.00	0.00	0.00	23 700.00	840.00		22 860.00
4	销售部	20 000.00	1 820.00	1 800.00	0.00	20.00	23 600.00	790.00		22 810.00
5	采购部	6 000.00	420.00	1 300.00	0.00	20.00	7 700.00	430.00		7 270.00
6	产品生产人员	155 700.00	2 800.00	25 000.00	500.00	0.00	183 000.00	1 170.00		181 830.00
7	车间管理人员	9 000.00	700.00	2 200.00	0.00	0.00	11 900.00	480.00		11 420.00
	合计	254 700.00	12 040.00	33 800.00	500.00	40.00	300 000.00	5 850.00	0.00	294 150.00

审核：高明　　　　　部门负责人：高明　　　　　　　　制表：王丽

单据 2-2-109　　　　　　**工资费用分配表**

2008 年 6 月 30 日

应借科目		项目	共同耗用分配		
			分配标准（产品生产工时）	分配率	金额
生产成本	基本生产成本	甲产品	110 小时		
		乙产品	90 小时		
		小计	200 小时	915	
制造费用			×	×	
管理费用			×	×	
销售费用			×	×	
合计			×	×	

审核：高明　　　　　　　　　　制单：王丽

业务指导：

单据 2-2-106 和单据 2-2-107 是人事部门提供的工资册和当月考勤记录，是计算每个职工工资的依据。据此由工资核算会计编制单据 2-2-107 职工工资结算表，是发放给每位职工工资的依据，在此基础上按工资发生的部门或人员类别编制单据 2-2-108 凭证工资结算汇总表，是发放工资和分配工资的依据，也是编制工资分配汇总表的依据。

单据 2-2-109 是工资费用分配表。此表是以工资结算汇总表为依据，根据工资发生的部门进行编制，将职工工资费用分配计入相关成本费用账户中。

工作程序：

（1）会计王丽根据工资的原始记录编制工资费用分配表，并编制记账凭证，然后送交会计主管高明审核。

（2）王丽根据审核后的记账凭证登记"应付职工薪酬"明细账，登记"生产成本"和"制造费用"明细账，登记"管理费用"和"销售费用"明细账。

55. 30 日，计提本月福利费，如单据 2-2-110 所示。

单据 2-2-110

福利费计提表

2008 年 6 月

应借科目 项目	职工福利费
生产工人—甲产品	
生产工人—乙产品	
车间管理人员	
管理费用	
销售费用	
合　计	

审核：高明　　　　　　　　　　　　　　　　　　　　　　　制表：王丽

业务指导：

该凭证是企业福利费的计提表。按规定，工资分配完后还应该按应付职工薪酬的一定比例计提职工福利费，计提比例为 14%。

工作程序：

（1）会计王丽根据工资的原始记录编制福利费计提表，并编制记账凭证，然后送交会计主管高明审核。

（2）王丽根据审核后的记账凭证登记"应付职工薪酬"明细账，登记"生产成本"和"制造费用"明细账，登记"管理费用"和"销售费用"明细账。

56. 30 日，本月应向社会保险经办机构缴纳社会保险费 111 000 元，住房公积金 21 000 元，工会经费 6 000 元和职工教育经费 4 500 元。

业务指导：

按规定，为了保障职工的合法权益，企业应该按应付职工薪酬总额的一定比例提取社会保险费、工会经费和职工教育经费。与福利费不同的是，由于国家（或企业年金计划）统一规定了计提基础和计提比例，所以应当按照国家规定的标准计提：养老保险为 22%，医疗保险为 12%，失业保险为 2%，生育保险为 0.5%，工伤保险为 0.5%，住房公积金 7%，工会经费 2%，职工教育经费 1.5%。

工作程序：

（1）会计王丽根据工资的原始记录编制社会保险费及工会经费等计提表（格式同单据 2-2-110 所示的福利费计提表），并编制记账凭证，然后送交会计主管高明审核。

（2）王丽根据审核后的记账凭证登记"应付职工薪酬"明细账，登记"生产成本"和"制造费用"明细账，登记"管理费用"和"销售费用"明细账。

57. 30 日，计提本月固定资产折旧 11 660 元，如单据 2-2-111 所示。

单据 2-2-111

折旧计算表

2008 年 6 月 30 日

使用单位	固定资产类别	月初应计提固定资产原值	月折旧率（%）	月折旧额
基本生产车间	机器设备	360 000	0.83%	
	房屋及建筑物	1 000 000	0.21%	
	小计	1 360 000		
公司管理部门	运输设备	480 000	0.83%	
	办公设备	50 000	0.83%	
	房屋及建筑物	800 000	0.21%	
	小计	1 330 000		
销售机构	房屋及建筑物	200 000	0.21%	
	办公设备	10 000	0.83%	
	小计	210 000		
合　计		2 900 000		

审核：高明　　　　　　　　　　　　　　　　　　　　　　制单：王丽

业务指导：

根据企业核算制度的规定：固定资产的折旧范围包括除已提足折旧仍继续使用外的其他所有固定资产。企业该月固定资产都应计提折旧。根据公司内部会计制度规定：固定资产折旧采用直线法计提。

每月应计提的固定资产折旧额=月初应提折旧的固定资产原值×月折旧率

工作程序：

（1）会计王丽编制折旧计算表，并编制记账凭证，然后送交会计主管高明审核。

（2）王丽根据审核后的记账凭证登记 "累计折旧"明细账，登记"制造费用"明细账，登记"管理费用"和"销售费用"明细账。

58. 30 日，分配制造费用，如单据 2-2-112 所示。

单据 2-2-112

制造费用分配表

2008 年 6 月 30 日

分配对象　＼　项目	生产工时（实际）	分配率	应分配费用
甲产品	110		
乙产品	90		
合　计	200		

审核：高明　　　　　　　　　　　　　　　　　　　　　　制单：王丽

业务指导：

企业生产部门（车间）发生的间接费用，需要在"制造费用"账户中进行归集。月末，再根据适当的分配标准，在各产品之间进行在分配。"制造费用"明细账月末合计金额就是本表中"应分配费用"，选取的分配标准是实际生产工时。

工作程序：

（1）会计王丽编制"制造费用分配表"，并编制记账凭证，然后送交会计主管高明审核。

（2）王丽根据审核后的记账凭证登记 "生产成本"和"制造费用"明细账。

59. 30 日，计提本月坏账准备，如单据 2-2-113 所示。

单据 2-2-113

坏账准备计提表

2008 年 6 月 30 日　　　　　　　　　　　　　　　　　　　　　单位：元

项目	账面余额	计提比例	应提准备数	账面已提数	应补提（或冲减）数
应收账款		5‰		750.00	
合　计				750.00	

会计主管：高明　　　　　　　　　　　　　　　　　　　　制表：王丽

业务指导：

依据该企业核算制度的规定，采用应收账款余额百分比法核算坏账损失。本企业只针对应收账款估计坏账损失，计提坏账准备，坏账准备的计提比例为 5‰。

应计提的坏账准备金额＝应收款项余额×坏账准备计提比例−计提坏账准备前"坏账准备"余额

"应收账款余额"是指应收账款所属明细账的借方余额和预收账款所属明细账的借方余额之和；计提坏账准备前"坏账准备"余额从"坏账准备"总账账户上查找。该表属于自制原始凭证。

工作程序：

（1）会计王丽编制坏账准备计提表，并编制记账凭证，然后送交会计主管高明审核。

（2）王丽根据审核后的记账凭证登记"坏账准备"明细账，登记"资产减值损失"明细账。

60. 30 日，计提本月短期借款利息 2 150 元，如单据 2-2-114 所示。

单据 2-2-114

短期借款利息计提表

2008 年 6 月 30 日　　　　　　　　　　　　　　　　　　　　　单位：元

本　金	月　利　率	计　息　期　限	利　　息
	0.75%	月	
	0.70%	月	
合　　计			

会计主管：高明　　　　　　　　　　　　　　　　　　　　制表：王丽

业务指导：

本公司短期借款利息采取每月计提、按季支付的方式。按企业会计准则规定，计提短期借款利息，通过"应付利息"账户核算。

工作程序：

（1）会计王丽编制短期借款利息计提表，并编制记账凭证，然后送交会计主管高明审核。

（2）王丽根据审核后的记账凭证登记"财务费用"明细账，登记"应付利息"明细账。

61. 30 日，摊销无形资产 1 750 元，如单据 2-2-115 所示。

单据 2-2-115

无形资产摊销计算表

2008 年 6 月 30 日

项 目 应借科目	无 形 资 产		
	计 提 依 据	摊 销 期 限	本 月 摊 销
管理费用	210 000.00	10 年	

会计主管：高明　　　　审核：高明　　　　记账：　　　　制表：王丽

业务指导：

无形资产的摊销期限与固定资产不同，它是从取得的当月开始在确定的摊销期限内平均摊销。根据期初资料显示，该项无形资产的摊销期 10 年，采用直线法摊销。该计算表由成本费用会计出具，实际工作中如果完全熟悉企业会计工作，此表可以省略，直接计算应摊销额编制记账凭证。

工作程序：

（1）会计王丽编制坏账准备计提表，并编制记账凭证，然后送交会计主管高明审核。

（2）王丽根据审核后的记账凭证登记"管理费用"和"累计摊销"明细账。

62. 30 日，结转本月销售成本，如单据 2-2-116 至单据 2-2-118 所示。

单据 2-2-116

产品销售清单

2008 年 6 月 30 日

产品编号	品牌	型号	数量	单价	金额
D02	甲产品				
D01	乙产品				
	合 计				

单据 2-2-117

库存商品加权平均单位成本计算表

2008 年 6 月 30 日

材料名称及型号	本 月 期 初		本 月 入 库		加权平均单价
	数 量	金 额	数 量	金 额	
甲产品					
乙产品					
合 计					

审核：高明　　　　　　　　　　　　制表：王丽

单据 2-2-118

商品销售成本计算表

2008 年 6 月 30 日

商品型号	销售数量	单位成本	金额
甲产品			
乙产品			
合　计			

审核：高明　　　　　　　　　　　　　　　　　　　　　　　　制单：王丽

业务指导：

"产品出库单"汇总不同产品本期销售商品的数量，与"库存商品"明细账的发出栏数量核对相符，得出本月销售数量，计算出本期销售商品的成本。

　　　　库存商品加权平均单位成本=（月初库存商品成本+本月入库

　　　　库存商品成本）÷（月初库存商品数量+本月入库库存商品数量）

相关数据来自"库存商品"明细账期初和本月入库的记录。

　　　　本月商品销售成本=本月销售商品的数量×库存商品加权平均单位成本

工作程序：

（1）会计王丽编制发出商品成本计算表后，并编制记账凭证，然后送交会计主管高明审核。

（2）王丽根据审核后的记账凭证登记"主营业务成本"明细账，登记"库存商品"明细账。

63. 30 日，结转本月销售材料成本 2 150 元，如单据 2-2-119 所示。

单据 2-2-119

发出材料加权平均单位成本计算表

2008 年 6 月 30 日

材料名称及型号	本 月 期 初		本 月 购 入		加权平均单价
	数　量	金　额	数　量	金　额	
A 材料					
B 材料					
合　计					

审核：高明　　　　　　　　　　　　　　　　　　　　　　　　制表：王丽

业务指导：

本公司会计制度规定：材料、库存商品采用按实际成本计价，月末按一次加权平均法计算其成本。该计算表由资产会计根据本月购入材料实际情况计算填列。

工作程序：

（1）会计王丽编制"发出材料加权平均单位成本计算表"，并编制记账凭证，然后送交会计主管高明审核。

（2）王丽根据审核后的记账凭证登记"原材料"明细账，登记"其他业务成本"明细账。

64. 30日，计算结转本月应交增值税，如单据2-2-120所示。

单据2-2-120
应缴增值税计算表
2008年 6 月 30 日

项　目	金　额	备　注
销项税额		
加：进项税额转出		
出口退税		
减：进项税额		
已交税金		
减免税款		
出口抵减内销产品应纳税额		
应交增值税额		

审核：高明　　　　　　　　　　　　　　　　　　　制表：王丽

业务指导：

企业在期末时，应按税法规定计算结转当月应缴的有关税费。本表依据"应交增值税"明细账有关数据填列。按会计核算要求，企业期末应将当月未缴（或多缴）的增值税转入"应交税费——未交增值税"明细账。

工作程序：

（1）会计王丽编制"增值税计算表"，本根据该表编制记账凭证，然后送交会计主管高明审核。

（2）王丽根据审核后的记账凭证登记"应交税费"明细账。

65. 30日，计算结转本月城市维护建设税和教育费附加，如单据2-2-121所示。

单据2-2-121
应交城建税及教育费附加计算表
2008年 6 月 30 日

| 项目 | 计 提 基 数 | | | | 比例 | 计提金额 |
	应交增值税	营业税	消费税	合计		列入营业税金及附加
城建税					7%	
教育费附加					3%	
合计						

审核：高明　　　　　　　　　　　　　　　　　　　制表：王丽

业务指导：

依据上表有关数据和企业会计核算有关规定计算填列。

工作程序：

（1）会计王丽编制"应交城建税及教育费附加计算表"，根据该表编制记账凭证，然后送交会计主管高明审核。

（2）王丽根据审核后的记账凭证登记"应交税费"和"营业税金及附加"明细账。

66. 30 日，计算本月所得税费用（税率 25%，假设无纳税调整事项），并结转本月应交所得税，如单据 2-2-122 所示。

单据 2-2-122

所得税计算表

2008 年 6 月

项　　目	金　　额	备　　注
会计利润		
减：不计入应纳税所得的收益		
1. 国库券利息收益		
2. 分得税后利润收益		
加：不应抵减应纳税所得额支出		
1. 罚没款交出		
2. 赞助支出		
3. 超计税工资支出		
4. 超标准业务招待费		
应纳税所得额		
适用税率	25%	
应交所得税		

审核：高明　　　　　　　　　　　　　　　　　　制表：王丽

业务指导：

所得费税费（或收益）=当期所得税+递延所得税费用（-递延所得税收益）

应纳税所得额=税前会计利润+纳税调整增加额-纳税调整减少额

企业本月无纳税调整项目，也无暂时性差异。

工作程序：

（1）会计王丽编制"所得税计算表"，根据该表编制记账凭证，然后送交会计主管高明审核。

（2）王丽根据审核后的记账凭证登记"应交税费"明细账，登记"所得税费用"明细账。

67. 30 日，将各损益类账户余额结转到本年利润账户，如单据 2-2-123 所示。

单据 2-2-123

损益类账目结转计算表

账户名称	结转前余额		结转前余额		转入本年利润		
	借　方		贷　方		借　方		贷　方
主营业务收入							
其他业务收入							
主营业务成本							
其他业务成本							
营业税金及附加							
销售费用							
管理费用							

账户名称	结转前余额	结转前余额	转入本年利润	
	借　方	贷　方	借　方	贷　方
财务费用				
资产减值损失				
公允价值变动损益				
投资收益				
营业外收入				
营业外支出				
所得税费用				

审核：高明　　　　　　　　　　　　　　　　　　　　制表：王丽

业务指导：

根据核算要求，本企业采用账结法核算利润。结转时应区别收益类和成本费用类进行结转。

工作程序：

（1）会计王丽编制"损益类账户结转计算表"，并编制记账凭证，然后送交会计主管高明审核。

（2）王丽根据审核后的记账凭证分别登记"本年利润""主营业务收入""主营业务成本""其他业务收入""其他业务成本""营业税金及附加""销售费用""管理费用""财务费用""营业外收入""营业外支出""所得税费用""资产减值损失""公允价值变动损益"明细账。

三、评价标准和考核办法

表 2-2-1　　　　　　　　　　　　任务评价标准和考核办法

考核内容和标准	评分说明
会计核算和会计档案	存在下列情况之一的，本项目均不得分
1. 应按《企业会计准则》和《企业会计制度》的规定，根据实际发生的经济业务事项进行会计核算，填制会计凭证，登记会计账簿，编制会计报表	1. 经济业务虚列 2. 账外设账 3. 报表不实
2. 单位发生的每一项经济业务必须取得和填制原始凭证，原始凭证及其所记录的经济业务内容必须真实、合法	1. 原始凭证本身不真实、不合法 2. 与本单位的经济业务不相关 3. 凭证名称与所记录的经济业务不相关 4. 无税务局发票监制章 5. 所反映的经济业务内容不真实、不合法
3. 原始凭证所记录的经济业务内容必须准确、完整，有关项目要填列齐全，手续要齐备	1. 原始凭证计算不准确 2. 金额大、小写不相符 3. 非数值项目填写错误 4. 项目填写不齐全 5. 手续不完备

考核内容和标准	评 分 说 明
4. 记账凭证必须根据审核无误的原始凭证填制，必须与所附原始凭证的内容、金额相符，且采用复式记账法正确填列，内容完整，手续齐全	1. 未附原始凭证（结账和改错业务除外） 2. 与所附的原始凭证金额不符 3. 原始凭证张数项目与实际原始凭证张数不符 4. 记账方法使用不正确 5. 错用会计科目或在无正当理由的情况下更改科目名称 6. 记账方向错误 7. 日期、编号、摘要、附件张数、科目名称等填写不全 8. 制证、稽核、记账、会计主管、出纳等签章不全
5. 应按《企业会计准则》和《企业会计制度》的规定设置会计账簿，总账、现金日记账和银行存款日记账必须采用订本式，会计账簿必须正确启用	1. 应设而未设总账、明细账、日记账、备查账 2. 总账、现金日记账和银行存款日记账未采用订本式 3. 未填写账簿封面和启用表 4. 账簿封面和启用表填写不正确、不完整
6. 会计账簿必须根据审核无误的记账凭证和原始凭证登记，账簿记录必须内容完整，数字准确，字迹工整，账面整洁；如果发生账簿记录错误，应按规定方法更正，不得涂改、挖补、刮擦或用药水清除字迹	1. 无记账凭证日期、编号和摘要 2. 数字不准确，摘要不清楚，红字登记不合理 3. 字迹不工整，账面不整洁，跳行、隔页未注销 4. 登记不及时，日记账未按日顺序登记 5. 涂改、挖补、刮擦或用药水清除字迹 6. 划线更正时，记账人员未签章
7. 各种会计账簿必须按规定结账，现金日记账与库存现金每日核对无误，银行存款日记账与银行对账单及时核对，经调节无误	1. 未按规定结账 2. 现金日记账与库存现金不符 3. 未编制银行存款余额调节表
8. 会计账簿必须按规定进行核对，账证、账账、账表必须相符	1. 账簿记录与会计凭证不符 2. 明细账与总账不符 3. 会计报表与账表记录不符
9. 会计报表应当根据登记完整、核对无误的账簿记录和其他有关资料编制，报表内容必须可靠、有用和公允，并及时向报表使用者报送或公告	1. 数字不真实 2. 未及时向报表使用者报送
10. 会计报表必须内容完整、种类齐全，应编制合并报表的单位必须编制合并会计报表，报表各项目必须准确计算填列，表间、表内各项目之间凡有勾稽关系的数字应该相互一致	1. 报表种类不全，对内报表不能满足单位管理需要 2. 已填报表项目填列不全 3. 应编而未编合并会计报表 4. 表内项目数据不符 5. 表与表之间勾稽关系不正确
11. 会计报表季报必须有财务情况说明书，对内报表必须附有分析说明和建议，年终决算报表必须有会计报表附注、注册会计师审计报告	1. 缺财务情况说明书 2. 说明书未按规定要求编写（无管理建议） 3. 缺会计报表附注 4. 未经注册会计师审计
12. 会计报表应加盖公章，并由单位负责人、总会计师和会计机构负责人及会计主管人员签字并盖章	1. 未盖公章 2. 有关人员签字并盖章不全
13. 会计凭证按分类顺序编号，分期装订成册，填写封面并签字盖章，装订规范整齐	1. 未按顺序编号 2. 为按月装订成册，装订不整齐、不规范 3. 凭证封面填写不完整

四、考核方式

1. 检查会计凭证、账表。
2. 学生按岗位分工进行现场模拟操作。

五、考核分数比例

岗位分工合理占 10%

原始凭证审核占 20%

记账凭证填制占 30%

会计账簿占 20%

财务报表占 20%